ALMACALMA

„Du kannst den Weg nicht wissen, wenn du ihn nicht gehst."
– Paulo Coelho

Bibliografische Information der Deutschen Nationalbibliothek: Die Deutsche Nationalbibliothek verzeichnet diese Publikation in der Deutschen Nationalbibliografie; detaillierte bibliografische Daten sind im Internet über http://dnb.dnb.de abrufbar.

1. Auflage
© 2024, Miriam Hain & Rahel Hanke GbR - Alma Calma, München

Verlag: BoD • Books on Demand GmbH, In de Tarpen 42, 22848 Norderstedt
Druck: Libri Plureos GmbH, Friedensallee 273, 22763 Hamburg

ISBN: 978-3-7597-8845-0

www.almacalma.de
Instagram: @almacalma.de

Schön, dass du da bist!

Alma Calma bedeutet "ruhige Seele" und steht für innere Ruhe, Achtsamkeit und Selbstfürsorge. Wir wollen dir mit diesem Journal die bestmögliche Unterstützung bieten, deinen Alltag zu strukturieren, dir Zeit für dich zu nehmen und dich selbst zu reflektieren und weiterzuentwickeln.
Die nachfolgenden Anmerkungen zu den einzelnen Abschnitten dienen nur als Richtlinien und können von dir selbst interpretiert und genutzt werden, wie es am besten zu dir passt.

Wie das Journal funktioniert

Uns ist wichtig, dass jeder Mensch sein eigenes Tempo gehen kann. Daher gibt es kein festes **Datum** bzw. Wochentag. Babysteps ohne Druck sind der Schlüssel. Außerdem kannst du das Journal zu jeder Tageszeit ausfüllen. Die Felder sind so formuliert, dass du entweder deine Pläne oder dein Erlebtes des Tages aufschreiben kannst.

Um entspannt in das Journaling einzusteigen, hilft ein kleiner **Atemfokus**: Atme dreimal tief durch die Nase ein und durch den Mund aus. Wusstest du, dass der Atem viel mehr bewirken kann, als den meisten bekannt ist? Im Durchschnitt atmen wir etwa 20.000 Mal pro Tag. Wenn wir uns nur ein paar dieser Atemzüge bewusst machen, können wir unseren Geist beruhigen und Stress abbauen. Bewusstes Atmen aktiviert das parasympathische Nervensystem, was zu Entspannung und einem Gefühl der Ruhe führt.

Täglich fließen viele Eindrücke auf uns ein. Mithilfe der **Stimmungsleiste** kannst du kurz bei dir selbst einchecken und dir bewusst werden, wie du dich gerade fühlst, ohne deine Stimmung zu bewerten. Einfach nur fühlen.

Es heißt, dass man eine Sache ca. 30-mal wiederholen sollte, damit sie zur Gewohnheit wird. Mit dem **Habit Tracker** kannst du neue und gesunde Gewohnheiten leicht und nebenbei entwickeln. Definiere einmal pro Monat 1-3 Habits und setze diese täglich um. Zum Beispiel morgens ein lauwarmes Glas Wasser trinken oder eine Atemübung machen.

Wenn du deinen Fokus auf das lenkst, wofür du **dankbar** bist, hebt das automatisch die Stimmung und kleine positive Momente fallen stärker auf.

Halte beim **Self-Care Moment** fest, was du an diesem Tag für dich Wohltuendes gemacht oder geplant hast. Das kann eine Aktivität sein, die dir gut tut oder auch ein kleiner Moment nur für dich, wie das bewusste Anhören eines schönen Songs.

Das Reflektieren von **Learnings** und die bewusste Wahrnehmung von Erkenntnissen ermöglichen es dir, deine Gedanken und Gefühle zu ordnen und effektiver mit Herausforderungen umzugehen.

Ordnung im Außen führt zu mehr Ordnung im Inneren. Deshalb möchten wir dich täglich mit einem kleinen **Ordnungsimpuls** unterstützen, der dir hilft, Schritt für Schritt mehr Ordnung in deinem Zuhause und deinem Leben zu schaffen. Stelle dir am besten einen Timer auf 5-15 Minuten, in denen du die Aufgabe ausführst. Damit hast du den schwierigsten Schritt, das Anfangen, bereits geschafft und weitermachen fällt meist leichter, sollte es doch länger dauern.

Wochen- und Monatsreflexion

Im Alltag begegnen wir ständig Situationen, Menschen und Aktivitäten, die entweder unsere Energie rauben oder uns Energie schenken. Das Bewusstsein über diese **Energieräuber** und **Energiespender** kann dazu beitragen, unser Wohlbefinden und unsere Lebensqualität zu verbessern.

Hier sind ein paar unterstützende Fragestellungen, um dir zu helfen, deine **Intention** leichter zu definieren:

- Was möchte ich anders machen?
- Was nehme ich mir vor?
- Worauf setze ich meinen Fokus?

Indem du aus den vorgeschlagenen Emotionen auswählst und markierst, **wie du dich nächste Woche fühlen möchtest**, setzt du einen positiven Fokus für deine kommende Woche. Du hast auch die Möglichkeit, eigene Emotionen aufzuschreiben, um deinen Gefühlen noch mehr Raum zu geben. Durch diese bewusste Fokussierung deiner Emotionen kannst du deinen Alltag positiver gestalten. In Verbindung mit deiner gesetzten Intention kann dies den Verlauf deiner Woche beeinflussen, indem sie Achtsamkeit, Selbstbewusstsein und emotionale Resilienz fördert.

Der **Marmeladenglasmoment** ist eine wunderbare Praxis, um die kleinen, besonderen Augenblicke des Lebens bewusst zu schätzen und festzuhalten. Es geht darum, jeden Monat einen besonderen Moment aufzuschreiben, der dir besonders viel Freude, Glück oder Zufriedenheit gebracht hat. Dieser Moment wird dann ausgeschnitten und in ein leeres Marmeladenglas gelegt. Am Ende des Jahres kannst du all diese Momente erneut durchgehen und die schönsten Erinnerungen des Jahres noch einmal erleben.

Und jetzt geht's los!

Starte hier mit dem Habit Tracker für den nächsten Monat. Nutze den Habit Tracker, um deine Gewohnheiten für den kommenden Monat festzulegen und zu überwachen.

1

2

3

Notizen:

Datum   Atemfokus   Meine Stimmung   Habit Tracker

ein   aus   ein   aus   ein   aus   ♥♥   ☺   ☹   ☹   ☹   1   2   3

Dafür bin ich heute dankbar: **Platz für meine Gedanken:**

Heutiger Self-Care Moment:

Mein Learning:

Ordnungsimpuls:
Pflanzen entstauben

> Verändere deine Gedanken und du veränderst deine Welt.
> – Norman Vincent Peale

Datum   Atemfokus   Meine Stimmung   Habit Tracker

ein   aus   ein   aus   ein   aus   ♥♥   ☺   ☹   ☹   ☹   1   2   3

Dafür bin ich heute dankbar: **Platz für meine Gedanken:**

Heutiger Self-Care Moment:

Mein Learning:

Ordnungsimpuls:
Abflüsse im Badezimmer reinigen

Datum	Atemfokus	Meine Stimmung	Habit Tracker
	ein aus ein aus ein aus	♥♥ ☺ ☺ ☹ ☹	1 2 3

Dafür bin ich heute dankbar:

Platz für meine Gedanken:

Heutiger Self-Care Moment:

Mein Learning:

Ordnungsimpuls:
Socken ordnen und aussortieren

Wenn jemand sagt: "Das geht nicht", denk daran: Das sind seine Grenzen, nicht deine . – Unbekannt

Datum	Atemfokus	Meine Stimmung	Habit Tracker
	ein aus ein aus ein aus	♥♥ ☺ ☺ ☹ ☹	1 2 3

Dafür bin ich heute dankbar:

Platz für meine Gedanken:

Heutiger Self-Care Moment:

Mein Learning:

Ordnungsimpuls:
Fußleisten in der Küche abwischen

Datum | Atemfokus

ein   aus   ein   aus   ein   aus

Meine Stimmung

Habit Tracker

1 2 3

Dafür bin ich heute dankbar:

Platz für meine Gedanken:

Heutiger Self-Care Moment:

Mein Learning:

Ordnungsimpuls:
Fensterbänke säubern

> Nicht die Glücklichen sind dankbar. Es sind die Dankbaren,
> die glücklich sind. – Francis Bacon

Datum | Atemfokus

ein   aus   ein   aus   ein   aus

Meine Stimmung

Habit Tracker

1 2 3

Dafür bin ich heute dankbar:

Platz für meine Gedanken:

Heutiger Self-Care Moment:

Mein Learning:

Ordnungsimpuls:
Alle Spiegel putzen

Datum	Atemfokus	Meine Stimmung	Habit Tracker
	ein aus ein aus ein aus	♥♥ ☺ ☹ ☹ ☹	1 2 3

Dafür bin ich heute dankbar:

Platz für meine Gedanken:

Heutiger Self-Care Moment:

Mein Learning:

Ordnungsimpuls:
Schrankoberflächen putzen

Wer immer tut, was er schon kann, bleibt immer das, was er schon ist. – Henry Ford

Notizen:

Wochenreflexion

Highlights der Woche:

Das habe ich gelernt:

Energieräuber:

Energiespender:

Meine Intention für nächste Woche:

So möchte ich mich nächste Woche fühlen:

freudig dankbar zufrieden begeistert stolz stark zuversichtlich aktiv liebevoll mutig leidenschaftlich frei glücklich optimistisch gelassen inspiriert erfüllt interessiert authentisch entspannt hoffnungsvoll selbstbewusst neugierig konzentriert wertvoll lebendig selbstsicher verbunden geborgen geerdet

Datum   Atemfokus   Meine Stimmung   Habit Tracker

          ein   aus   ein   aus   ein   aus   ♥ ♥ ☺ ☹ ☹ ☹   1   2   3

Dafür bin ich heute dankbar: Platz für meine Gedanken:

Heutiger Self-Care Moment:

Mein Learning:

Ordnungsimpuls:
Spülmaschine reinigen

Du kannst die Wellen nicht aufhalten, aber du kannst
lernen, zu surfen. – Jon Karat-Zinn

Datum   Atemfokus   Meine Stimmung   Habit Tracker

          ein   aus   ein   aus   ein   aus   ♥ ♥ ☺ ☹ ☹ ☹   1   2   3

Dafür bin ich heute dankbar: Platz für meine Gedanken:

Heutiger Self-Care Moment:

Mein Learning:

Ordnungsimpuls:
Couchkissenbezüge waschen

Datum   Atemfokus   Meine Stimmung   Habit Tracker

ein   aus   ein   aus   ein   aus   😍 😊 😐 😣 😢   1   2   3

Dafür bin ich heute dankbar: Platz für meine Gedanken:

Heutiger Self-Care Moment:

Mein Learning:

Ordnungsimpuls:
Trinkgläser ordnen und aussortieren

> Die Zukunft hängt davon ab, was du heute tust.
> – Mahatma Gandhi

Datum   Atemfokus   Meine Stimmung   Habit Tracker

ein   aus   ein   aus   ein   aus   😍 😊 😐 😣 😢   1   2   3

Dafür bin ich heute dankbar: Platz für meine Gedanken:

Heutiger Self-Care Moment:

Mein Learning:

Ordnungsimpuls:
Unnötige Apps löschen

Datum   Atemfokus   Meine Stimmung   Habit Tracker

            ein   aus   ein   aus   ein   aus   ♥♥   ʊ   ·_·   ×_×   ×_×•   1   2   3

Dafür bin ich heute dankbar: Platz für meine Gedanken:

Heutiger Self-Care Moment:

Mein Learning:

Ordnungsimpuls:
Türklinken reinigen

Wer ein Warum zum Leben hat, erträgt fast jedes Wie.
– Friedrich Nietzsche

Datum   Atemfokus   Meine Stimmung   Habit Tracker

            ein   aus   ein   aus   ein   aus   ♥♥   ʊ   ·_·   ×_×   ×_×•   1   2   3

Dafür bin ich heute dankbar: Platz für meine Gedanken:

Heutiger Self-Care Moment:

Mein Learning:

Ordnungsimpuls:
Alte Putzlappen und Schwämme austauschen

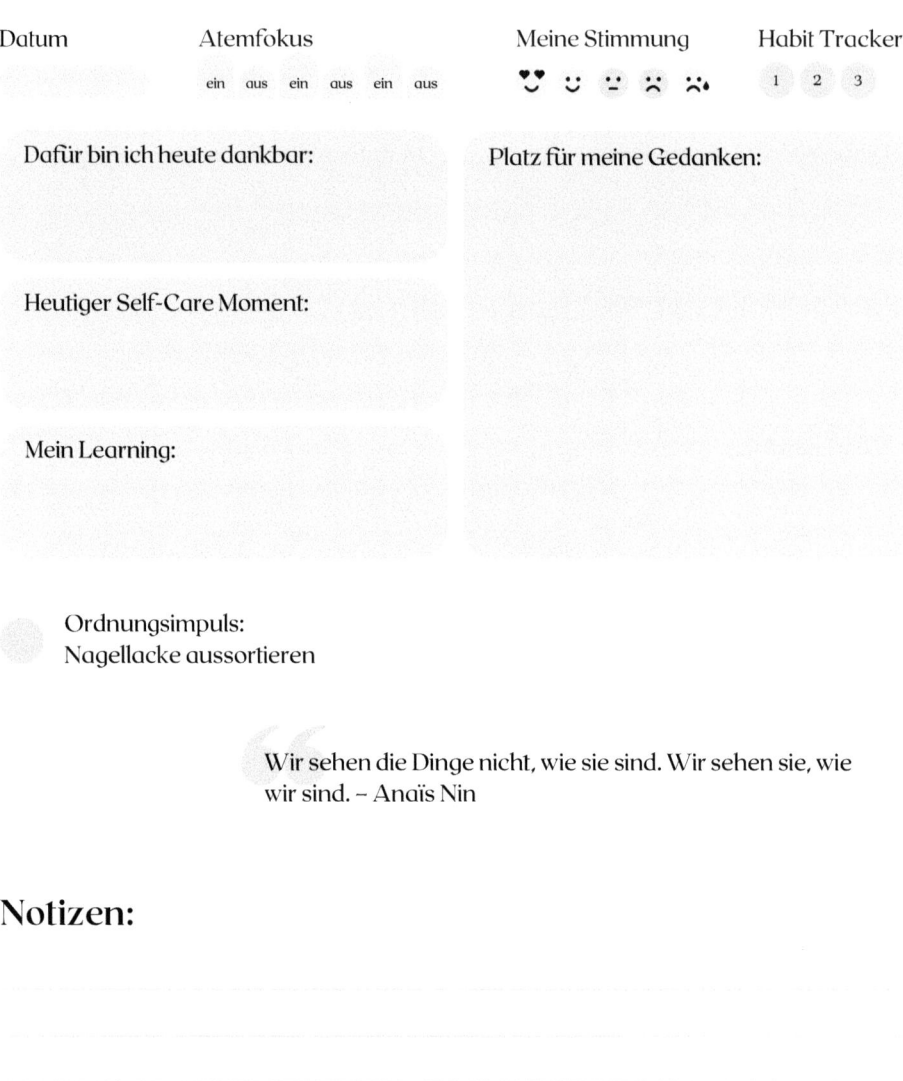

Datum

Atemfokus

ein aus ein aus ein aus

Meine Stimmung

Habit Tracker

1 2 3

Dafür bin ich heute dankbar:

Platz für meine Gedanken:

Heutiger Self-Care Moment:

Mein Learning:

Ordnungsimpuls:
Nagellacke aussortieren

> Wir sehen die Dinge nicht, wie sie sind. Wir sehen sie, wie wir sind. – Anaïs Nin

Notizen:

Wochenreflexion

Highlights der Woche:

Das habe ich gelernt:

Energieräuber: Energiespender:

Meine Intention für nächste Woche:

So möchte ich mich nächste Woche fühlen:

freudig dankbar zufrieden begeistert stolz stark zuversichtlich aktiv liebevoll
mutig leidenschaftlich frei glücklich optimistisch gelassen inspiriert erfüllt
interessiert authentisch entspannt hoffnungsvoll selbstbewusst neugierig
konzentriert wertvoll lebendig selbstsicher verbunden geborgen geerdet

_____

Datum	Atemfokus	Meine Stimmung	Habit Tracker
	ein aus ein aus ein aus	😍 😊 😐 😠 😢	1 2 3

Dafür bin ich heute dankbar:

Platz für meine Gedanken:

Heutiger Self-Care Moment:

Mein Learning:

Ordnungsimpuls:
Vorsorgetermine vereinbaren

> Der einzige Unterschied zwischen einem guten und einem
> schlechten Tag ist deine Einstellung. – Dennis S. Brown

Datum	Atemfokus	Meine Stimmung	Habit Tracker
	ein aus ein aus ein aus	😍 😊 😐 😠 😢	1 2 3

Dafür bin ich heute dankbar:

Platz für meine Gedanken:

Heutiger Self-Care Moment:

Mein Learning:

Ordnungsimpuls:
Hinter der Couch staubsaugen

Datum   Atemfokus   Meine Stimmung   Habit Tracker

          ein aus ein aus ein aus   ♥ ♥ ☺ ☹ ☹ ☹   1   2   3

Dafür bin ich heute dankbar: Platz für meine Gedanken:

Heutiger Self-Care Moment:

Mein Learning:

Ordnungsimpuls:
Für fünf Dinge einen festen Platz finden

Gestern war ich klug und wollte die Welt verändern. Heute
bin ich weise und ändere mich selbst. – Rumi

Datum   Atemfokus   Meine Stimmung   Habit Tracker

          ein aus ein aus ein aus   ♥ ♥ ☺ ☹ ☹ ☹   1   2   3

Dafür bin ich heute dankbar: Platz für meine Gedanken:

Heutiger Self-Care Moment:

Mein Learning:

Ordnungsimpuls:
Badfliesen und Fugen reinigen

Datum	Atemfokus	Meine Stimmung	Habit Tracker
	ein aus ein aus ein aus	😊 😊 😐 ☹ 😢	1 2 3

Dafür bin ich heute dankbar:

Platz für meine Gedanken:

Heutiger Self-Care Moment:

Mein Learning:

Ordnungsimpuls:
Fenster im Wohnzimmer putzen

> In zwanzig Jahren wirst du mehr enttäuscht sein über die Dinge, die du nicht getan hast, als über die Dinge, die du getan hast. – Mark Twain

Datum	Atemfokus	Meine Stimmung	Habit Tracker
	ein aus ein aus ein aus	😊 😊 😐 ☹ 😢	1 2 3

Dafür bin ich heute dankbar:

Platz für meine Gedanken:

Heutiger Self-Care Moment:

Mein Learning:

Ordnungsimpuls:
Waschbecken reinigen

Datum	Atemfokus	Meine Stimmung	Habit Tracker
	ein aus ein aus ein aus	♥♥ ☺ ☹ ☹ ☹	1 2 3

Dafür bin ich heute dankbar:

Platz für meine Gedanken:

Heutiger Self-Care Moment:

Mein Learning:

Ordnungsimpuls:
Esstisch freiräumen

Sei du selbst die Veränderung, die du dir wünschst für diese
Welt. – Mahatma Gandhi

Notizen:

Wochenreflexion

Highlights der Woche:

Das habe ich gelernt:

Energieräuber: Energiespender:

Meine Intention für nächste Woche:

So möchte ich mich nächste Woche fühlen:

freudig dankbar zufrieden begeistert stolz stark zuversichtlich aktiv liebevoll
mutig leidenschaftlich frei glücklich optimistisch gelassen inspiriert erfüllt
interessiert authentisch entspannt hoffnungsvoll selbstbewusst neugierig
konzentriert wertvoll lebendig selbstsicher verbunden geborgen geerdet

_____

Datum   Atemfokus   Meine Stimmung   Habit Tracker

ein   aus   ein   aus   ein   aus   ♥♥ ☺ ☹ ☹ ☹   1   2   3

Dafür bin ich heute dankbar: Platz für meine Gedanken:

Heutiger Self-Care Moment:

Mein Learning:

Ordnungsimpuls:
Mülleimer reinigen

Es scheint immer unmöglich, bis es vollbracht ist.
– Nelson Mandela

Datum   Atemfokus   Meine Stimmung   Habit Tracker

ein   aus   ein   aus   ein   aus   ♥♥ ☺ ☹ ☹ ☹   1   2   3

Dafür bin ich heute dankbar: Platz für meine Gedanken:

Heutiger Self-Care Moment:

Mein Learning:

Ordnungsimpuls:
Schranktüren abwischen

Datum	Atemfokus						Meine Stimmung	Habit Tracker
	ein	aus	ein	aus	ein	aus		1 2 3

Dafür bin ich heute dankbar:

Platz für meine Gedanken:

Heutiger Self-Care Moment:

Mein Learning:

Ordnungsimpuls:
Geschirrtücher ordnen und aussortieren

> Probleme kann man niemals mit derselben Denkweise
> lösen, durch die sie entstanden sind. – Albert Einstein

Datum	Atemfokus						Meine Stimmung	Habit Tracker
	ein	aus	ein	aus	ein	aus		1 2 3

Dafür bin ich heute dankbar:

Platz für meine Gedanken:

Heutiger Self-Care Moment:

Mein Learning:

Ordnungsimpuls:
Unnötige Kontakte im Handy löschen

Datum	Atemfokus	Meine Stimmung	Habit Tracker

ein   aus   ein   aus   ein   aus

♥♥ ☺ ☹ ☹ ☹   1   2   3

Dafür bin ich heute dankbar: **Platz für meine Gedanken:**

Heutiger Self-Care Moment:

Mein Learning:

Ordnungsimpuls:
Dusche reinigen

Du allein bist genug. Du hast nichts zu beweisen.
– Maya Angelou

Datum	Atemfokus	Meine Stimmung	Habit Tracker

ein   aus   ein   aus   ein   aus

♥♥ ☺ ☹ ☹ ☹   1   2   3

Dafür bin ich heute dankbar: **Platz für meine Gedanken:**

Heutiger Self-Care Moment:

Mein Learning:

Ordnungsimpuls:
Medikamente ordnen und aussortieren

Datum	Atemfokus	Meine Stimmung	Habit Tracker

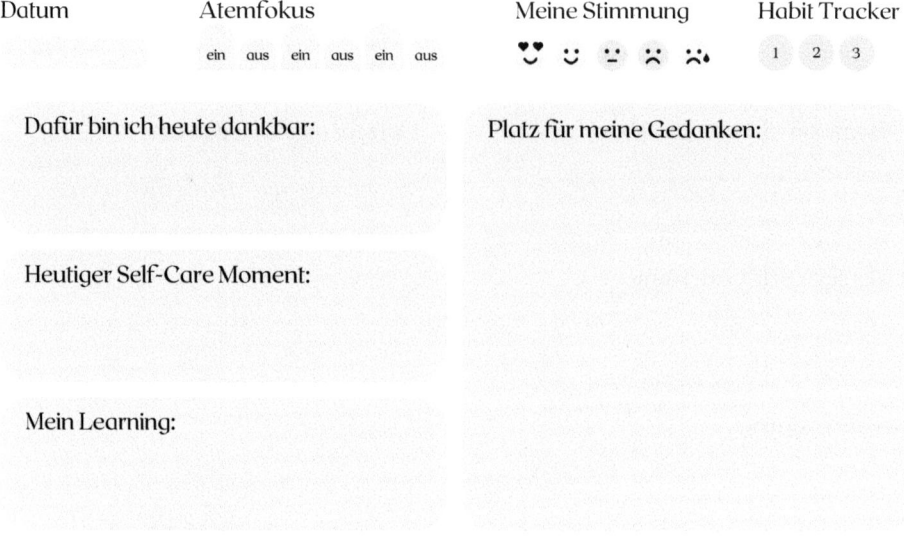

Dafür bin ich heute dankbar:

Platz für meine Gedanken:

Heutiger Self-Care Moment:

Mein Learning:

Ordnungsimpuls:
Einkaufstüten ordnen und aussortieren

> Deine Zeit ist begrenzt, also verschwende sie nicht damit, das Leben eines anderen zu leben. – Steve Jobs

Notizen:

Wochenreflexion

Highlights der Woche:

Das habe ich gelernt:

Energieräuber: Energiespender:

Meine Intention für nächste Woche:

So möchte ich mich nächste Woche fühlen:

freudig dankbar zufrieden begeistert stolz stark zuversichtlich aktiv liebevoll
mutig leidenschaftlich frei glücklich optimistisch gelassen inspiriert erfüllt
interessiert authentisch entspannt hoffnungsvoll selbstbewusst neugierig
konzentriert wertvoll lebendig selbstsicher verbunden geborgen geerdet

_____

Monatsreflexion

Für diese drei Dinge im vergangenen Monat bin ich dankbar:

Selfcare-Aktivitäten, die mir im vergangenen Monat gut getan haben:

Besonders wertvolle Begegnungen oder Gespräche im vergangenen Monat:

Eine Intention oder ein Motto, das mich durch den nächsten Monat begleiten soll:

Habit Tracker: Raum für die Definition und Verfolgung neuer Gewohnheiten im nächsten Monat

1

2

3

Marmeladenglasmoment des Monats:

Impuls des Monats

Achtsamkeit im Alltag integrieren

Achtsamkeit bedeutet, voll und ganz im gegenwärtigen Moment zu leben. Es ist eine Praxis, die Stress reduzieren und das allgemeine Wohlbefinden steigern kann. Dieser Monat steht im Zeichen der Achtsamkeit. Nimm dir jeden Tag ein paar Minuten Zeit, um dich auf den gegenwärtigen Moment zu konzentrieren.
Hier ist eine Übung, die du auch unterwegs ausprobieren kannst:

Achtsamkeit to go

1. **Atmen:** Nimm ein paar tiefe Atemzüge, um deinen Geist zu beruhigen und dich zu zentrieren.
2. **Fokussieren:** Konzentriere dich auf deine Sinne und nimm bewusst wahr, was um dich herum geschieht.
3. **Hören, Sehen und Riechen:** Achte auf drei verschiedene Geräusche, drei visuelle Eindrücke und drei Gerüche in deiner Umgebung.
4. **Spüren:** Nimm drei physische Empfindungen wahr, sei es die Berührung des Sitzes, die Temperatur oder andere Empfindungen auf deiner Haut.
5. **Weiteratmen:** Atme weiterhin ruhig und gleichmäßig, während du deine Sinne wahrnimmst.
6. **Dankbarkeit:** Schließe die Übung ab, indem du dir bewusst machst, dass du in diesem Moment lebst und dankbar bist für die Fähigkeit, deine Sinne zu nutzen, um im Moment zu sein.

Reflexion zur Achtsamkeitsübung

Notiere nach der Übung, wie du dich fühlst. War es schwierig, dich zu konzentrieren? Hast du bemerkt, wie dein Körper sich entspannt hat? Diese Reflexion hilft dir, deine Fortschritte zu verfolgen und die Vorteile der Achtsamkeit zu erkennen.

Datum	Atemfokus						Meine Stimmung	Habit Tracker
	ein	aus	ein	aus	ein	aus	☻ ☺ ☹ ☹ ☹	1 2 3

Dafür bin ich heute dankbar:

Platz für meine Gedanken:

Heutiger Self-Care Moment:

Mein Learning:

Ordnungsimpuls:
Wand hinter dem Herd reinigen

> Das Leben besteht zu 10 % aus dem, was uns passiert, und
> zu 90 % aus dem, wie wir darauf reagieren.
> – Charles R. Swindoll

Datum	Atemfokus						Meine Stimmung	Habit Tracker
	ein	aus	ein	aus	ein	aus	☻ ☺ ☹ ☹ ☹	1 2 3

Dafür bin ich heute dankbar:

Platz für meine Gedanken:

Heutiger Self-Care Moment:

Mein Learning:

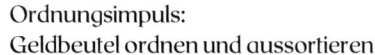

Ordnungsimpuls:
Geldbeutel ordnen und aussortieren

Datum   Atemfokus   Meine Stimmung   Habit Tracker

            ein   aus   ein   aus   ein   aus   😊 😊 😐 😣 😖   1   2   3

Dafür bin ich heute dankbar: Platz für meine Gedanken:

Heutiger Self-Care Moment:

Mein Learning:

Ordnungsimpuls:
Zwei Fächer oder Schubladen aufräumen

Du selbst, genauso wie jeder andere im gesamten
Universum, verdienst deine Liebe und Zuneigung. – Buddha

Datum   Atemfokus   Meine Stimmung   Habit Tracker

            ein   aus   ein   aus   ein   aus   😊 😊 😐 😣 😖   1   2   3

Dafür bin ich heute dankbar: Platz für meine Gedanken:

Heutiger Self-Care Moment:

Mein Learning:

Ordnungsimpuls:
Spinnweben entfernen

Datum	Atemfokus						Meine Stimmung	Habit Tracker

Atemfokus: ein aus ein aus ein aus

Meine Stimmung: ♥♥ ☺ ☺ ☹ ☹

Habit Tracker: 1 2 3

Dafür bin ich heute dankbar:

Platz für meine Gedanken:

Heutiger Self-Care Moment:

Mein Learning:

Ordnungsimpuls:
Teppiche reinigen

> Frieden beginnt damit, dass jeder von uns sich jeden Tag
> um seinen eigenen Körper und Geist kümmert.
> – Thich Nhat Hanh

Datum	Atemfokus						Meine Stimmung	Habit Tracker

Atemfokus: ein aus ein aus ein aus

Meine Stimmung: ♥♥ ☺ ☺ ☹ ☹

Habit Tracker: 1 2 3

Dafür bin ich heute dankbar:

Platz für meine Gedanken:

Heutiger Self-Care Moment:

Mein Learning:

Ordnungsimpuls:
Fenster in der Küche putzen

Datum   Atemfokus   Meine Stimmung   Habit Tracker

                 ein   aus   ein   aus   ein   aus   ♥♥ ☺ ☹ ☹ ☹   1   2   3

Dafür bin ich heute dankbar: Platz für meine Gedanken:

Heutiger Self-Care Moment:

Mein Learning:

Ordnungsimpuls:
Handtücher ordnen und aussortieren

Das Leben ist eine Reise, keine Destination.
– Ralph Waldo Emerson

Notizen:

Wochenreflexion

Highlights der Woche:

Das habe ich gelernt:

Energieräuber: Energiespender:

Meine Intention für nächste Woche:

So möchte ich mich nächste Woche fühlen:

freudig dankbar zufrieden begeistert stolz stark zuversichtlich aktiv liebevoll mutig leidenschaftlich frei glücklich optimistisch gelassen inspiriert erfüllt interessiert authentisch entspannt hoffnungsvoll selbstbewusst neugierig konzentriert wertvoll lebendig selbstsicher verbunden geborgen geerdet

_____

Datum   Atemfokus   Meine Stimmung   Habit Tracker

ein   aus   ein   aus   ein   aus   ♥♥   ☺   ☺   ☹   ☹   1   2   3

Dafür bin ich heute dankbar: Platz für meine Gedanken:

Heutiger Self-Care Moment:

Mein Learning:

Ordnungsimpuls:
Badvorleger waschen

Lass los, was du nicht ändern kannst, und widme deine
Energie dem, was du beeinflussen kannst.
– Roy T. Bennett

Datum   Atemfokus   Meine Stimmung   Habit Tracker

ein   aus   ein   aus   ein   aus   ♥♥   ☺   ☺   ☹   ☹   1   2   3

Dafür bin ich heute dankbar: Platz für meine Gedanken:

Heutiger Self-Care Moment:

Mein Learning:

Ordnungsimpuls:
Waschmaschine reinigen

Datum   Atemfokus   Meine Stimmung   Habit Tracker

                         ein   aus   ein   aus   ein   aus   😊 😊 😐 😟 😣   1   2   3

Dafür bin ich heute dankbar: Platz für meine Gedanken:

Heutiger Self-Care Moment:

Mein Learning:

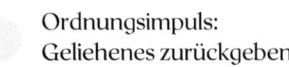   Ordnungsimpuls:
                        Lampen reinigen

> Denke immer daran: Die Steine auf deinem Weg sind der
> Weg. – Lars Amend

Datum   Atemfokus   Meine Stimmung   Habit Tracker

                         ein   aus   ein   aus   ein   aus   😊 😊 😐 😟 😣   1   2   3

Dafür bin ich heute dankbar: Platz für meine Gedanken:

Heutiger Self-Care Moment:

Mein Learning:

Ordnungsimpuls:
Geliehenes zurückgeben

Datum	Atemfokus	Meine Stimmung	Habit Tracker
	ein aus ein aus ein aus	♥♥ ☺ ☺ ☹ ☹♦	1 2 3

Dafür bin ich heute dankbar:

Platz für meine Gedanken:

Heutiger Self-Care Moment:

Mein Learning:

Ordnungsimpuls:
Pflanzen umtopfen

Glück ist, wenn das, was du denkst, was du sagst und was
du tust, in Harmonie sind. – Mahatma Gandhi

Datum	Atemfokus	Meine Stimmung	Habit Tracker
	ein aus ein aus ein aus	♥♥ ☺ ☺ ☹ ☹♦	1 2 3

Dafür bin ich heute dankbar:

Platz für meine Gedanken:

Heutiger Self-Care Moment:

Mein Learning:

Ordnungsimpuls:
Kerzen ordnen und aussortieren

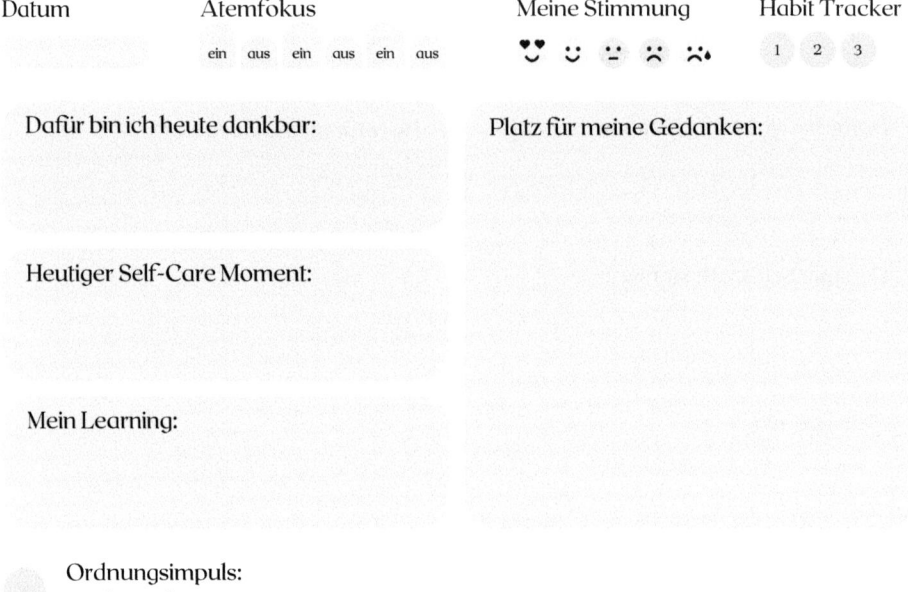

Datum   Atemfokus   Meine Stimmung   Habit Tracker

ein   aus   ein   aus   ein   aus   1   2   3

Dafür bin ich heute dankbar:

Platz für meine Gedanken:

Heutiger Self-Care Moment:

Mein Learning:

Ordnungsimpuls:
Spülmaschine reinigen

Sei du selbst und bleib dir treu.
– Pippi Langstrumpf

Notizen:

Wochenreflexion

Highlights der Woche:

Das habe ich gelernt:

Energieräuber: Energiespender:

Meine Intention für nächste Woche:

So möchte ich mich nächste Woche fühlen:

freudig dankbar zufrieden begeistert stolz stark zuversichtlich aktiv liebevoll mutig leidenschaftlich frei glücklich optimistisch gelassen inspiriert erfüllt interessiert authentisch entspannt hoffnungsvoll selbstbewusst neugierig konzentriert wertvoll lebendig selbstsicher verbunden geborgen geerdet

_____

Datum	Atemfokus						Meine Stimmung	Habit Tracker
	ein	aus	ein	aus	ein	aus		1 2 3

Dafür bin ich heute dankbar:

Platz für meine Gedanken:

Heutiger Self-Care Moment:

Mein Learning:

Ordnungsimpuls:
Alte Kosmetikartikel aussortieren

Lasst uns den Mut haben, uns nicht perfekt zu zeigen,
sondern menschlich. – Brené Brown

Datum	Atemfokus						Meine Stimmung	Habit Tracker
	ein	aus	ein	aus	ein	aus		1 2 3

Dafür bin ich heute dankbar:

Platz für meine Gedanken:

Heutiger Self-Care Moment:

Mein Learning:

Ordnungsimpuls:
Zahnarzttermin vereinbaren

Datum	Atemfokus	Meine Stimmung	Habit Tracker
	ein aus ein aus ein aus	♥♥ ☺ ☺ ☹ ☹	1 2 3

Dafür bin ich heute dankbar:

Platz für meine Gedanken:

Heutiger Self-Care Moment:

Mein Learning:

Ordnungsimpuls:
Wasserkocher entkalken

Gehe soweit, wie du sehen kannst. Wenn du dort
ankommst, wirst du sehen, wie es weitergeht.
– Thomas Carlyle

Datum	Atemfokus	Meine Stimmung	Habit Tracker
	ein aus ein aus ein aus	♥♥ ☺ ☺ ☹ ☹	1 2 3

Dafür bin ich heute dankbar:

Platz für meine Gedanken:

Heutiger Self-Care Moment:

Mein Learning:

Ordnungsimpuls:
Fußmatte reinigen

Datum | Atemfokus | Meine Stimmung | Habit Tracker

ein aus ein aus ein aus

😊 😊 😐 😦 😫   ① ② ③

Dafür bin ich heute dankbar:

Platz für meine Gedanken:

Heutiger Self-Care Moment:

Mein Learning:

Ordnungsimpuls:
Dokumente und Briefe ordnen

> *Wer nicht will, findet Gründe. Wer will, findet Wege.*
> – Unbekannt

Datum | Atemfokus | Meine Stimmung | Habit Tracker

ein aus ein aus ein aus

😊 😊 😐 😦 😫   ① ② ③

Dafür bin ich heute dankbar:

Platz für meine Gedanken:

Heutiger Self-Care Moment:

Mein Learning:

Ordnungsimpuls:
Toilettenbürste austauschen

Datum	Atemfokus	Meine Stimmung	Habit Tracker

Atemfokus: ein aus ein aus ein aus

Meine Stimmung: ♥♥ ☺ ☺ ☹ ☹

Habit Tracker: 1 2 3

Dafür bin ich heute dankbar:

Platz für meine Gedanken:

Heutiger Self-Care Moment:

Mein Learning:

Ordnungsimpuls:
Balkon-/Terassenboden fegen

Wahres Glück besteht darin, das Gegenwärtige zu
schätzen, ohne ständig das Zukünftige zu wollen.
– Antoine de Saint-Exupéry

Notizen:

Wochenreflexion

Highlights der Woche:

Das habe ich gelernt:

Energieräuber: Energiespender:

Meine Intention für nächste Woche:

So möchte ich mich nächste Woche fühlen:

freudig dankbar zufrieden begeistert stolz stark zuversichtlich aktiv liebevoll
mutig leidenschaftlich frei glücklich optimistisch gelassen inspiriert erfüllt
interessiert authentisch entspannt hoffnungsvoll selbstbewusst neugierig
konzentriert wertvoll lebendig selbstsicher verbunden geborgen geerdet

_____

Datum	Atemfokus	Meine Stimmung	Habit Tracker
	ein aus ein aus ein aus	♥♥ ☺ ☺ ☹ ☹	1 2 3

Dafür bin ich heute dankbar:

Platz für meine Gedanken:

Heutiger Self-Care Moment:

Mein Learning:

Ordnungsimpuls:
Kaffeemaschine entkalken

Tu was du willst – aber nicht, weil du musst.
– Buddha

Datum	Atemfokus	Meine Stimmung	Habit Tracker
	ein aus ein aus ein aus	♥♥ ☺ ☺ ☹ ☹	1 2 3

Dafür bin ich heute dankbar:

Platz für meine Gedanken:

Heutiger Self-Care Moment:

Mein Learning:

Ordnungsimpuls:
Abfluss in der Küche reinigen

Datum   Atemfokus   Meine Stimmung   Habit Tracker

               ein aus ein aus ein aus   😊 😌 😐 😞 😢   ① ② ③

Dafür bin ich heute dankbar: Platz für meine Gedanken:

Heutiger Self-Care Moment:

Mein Learning:

Ordnungsimpuls:
Ofen reinigen

> Und wenn du etwas wirklich willst, dann hilft das ganze
> Universum dir, deinen Wunsch zu erfüllen. – Paulo Coelho

Datum   Atemfokus   Meine Stimmung   Habit Tracker

               ein aus ein aus ein aus   😊 😌 😐 😞 😢   ① ② ③

Dafür bin ich heute dankbar: Platz für meine Gedanken:

Heutiger Self-Care Moment:

Mein Learning:

Ordnungsimpuls:
Jacken ordnen und aussortieren

Datum	Atemfokus	Meine Stimmung	Habit Tracker
	ein aus ein aus ein aus	♥♥ ☺ ☺ ☹ ☹	1 2 3

Dafür bin ich heute dankbar:

Platz für meine Gedanken:

Heutiger Self-Care Moment:

Mein Learning:

Ordnungsimpuls:
Unnötige Newsletter abmelden

Alles, was du jemals wolltest, ist auf der anderen Seite der
Angst. – George Addair

Datum	Atemfokus	Meine Stimmung	Habit Tracker
	ein aus ein aus ein aus	♥♥ ☺ ☺ ☹ ☹	1 2 3

Dafür bin ich heute dankbar:

Platz für meine Gedanken:

Heutiger Self-Care Moment:

Mein Learning:

Ordnungsimpuls:
Wandbilder entstauben

Datum   Atemfokus   Meine Stimmung   Habit Tracker

ein aus ein aus ein aus   ♥♥ ☺ ☺ ☹ ☹   1 2 3

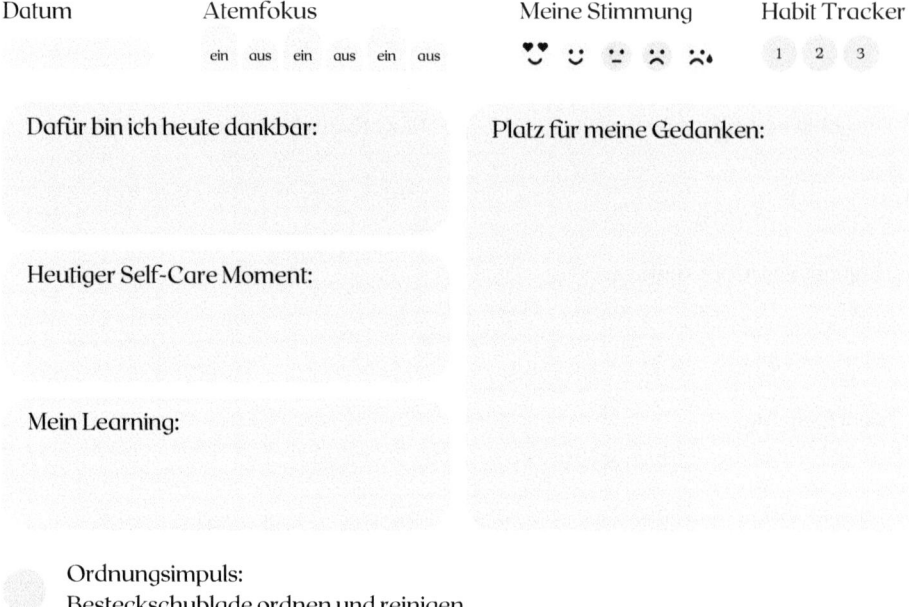

Dafür bin ich heute dankbar: Platz für meine Gedanken:

Heutiger Self-Care Moment:

Mein Learning:

Ordnungsimpuls:
Besteckschublade ordnen und reinigen

> Die Dinge haben nur den Wert, den man ihnen verleiht.
> – Jean Baptiste Moliere

Notizen:

Wochenreflexion

Highlights der Woche:

Das habe ich gelernt:

Energieräuber: Energiespender:

Meine Intention für nächste Woche:

So möchte ich mich nächste Woche fühlen:

freudig dankbar zufrieden begeistert stolz stark zuversichtlich aktiv liebevoll
mutig leidenschaftlich frei glücklich optimistisch gelassen inspiriert erfüllt
interessiert authentisch entspannt hoffnungsvoll selbstbewusst neugierig
konzentriert wertvoll lebendig selbstsicher verbunden geborgen geerdet

_____

Monatsreflexion

Für diese drei Dinge im vergangenen Monat bin ich dankbar:

Selfcare-Aktivitäten, die mir im vergangenen Monat gut getan haben:

Besonders wertvolle Begegnungen oder Gespräche im vergangenen Monat:

Eine Intention oder ein Motto, das mich durch den nächsten Monat begleiten soll:

Habit Tracker: Raum für die Definition und Verfolgung neuer Gewohnheiten im nächsten Monat

1

2

3

Marmeladenglasmoment des Monats:

Impuls des Monats

Digital Detox

In unserer heutigen Gesellschaft sind wir ständig von Technologie umgeben, sei es durch Smartphones, Tablets, Computer oder soziale Medien. Diese ständige Erreichbarkeit und Informationsflut kann zu Stress, Schlafproblemen, Konzentrationsstörungen und einem Gefühl der Überlastung führen.

Wusstest du, ...

...dass man nach einer Ablenkung durch das Smartphone 4-8 Minuten braucht, um sich wieder zu fokussieren?
...dass durchschnittlich jeder Erwachsene über 3 Stunden täglich an seinem Smartphone verbringt?
...dass übermäßige Nutzung von sozialen Medien mit einem höheren Maß an Stress und Angstzuständen verbunden ist?

Tipps für deinen Digital Detox

- Definiere Screen-Free-Zonen in deinem Zuhause, wie z.B. im Schlafzimmer oder Essbereich.
- Meide Bildschirme 30-60 Minuten vor dem Schlafengehen, um besser einzuschlafen.
- Starte den Tag ohne sofortiges Smartphone-Checken für achtsame Aktivitäten oder Tagesplanung.
- Nutze einen klassischen Wecker statt deines Smartphones.
- Mach regelmäßig Pausen ohne digitale Geräte für Spaziergänge, Meditation oder Entspannung.
- Deaktiviere störende Benachrichtigungen auf deinen Geräten.
- Setze feste Zeiten und Dauer für die Nutzung sozialer Medien und vermeide stundenlanges Scrollen durch Newsfeeds.

Datum	Atemfokus	Meine Stimmung	Habit Tracker

ein aus ein aus ein aus

♥♥ ☺ ☺ ☹ ☹◦   ① ② ③

Dafür bin ich heute dankbar:

Platz für meine Gedanken:

Heutiger Self-Care Moment:

Mein Learning:

Ordnungsimpuls:
Altpapier wegbringen

> Das Geheimnis des Vorwärtskommens besteht darin, den ersten Schritt zu tun. – Mark Twain

Datum	Atemfokus	Meine Stimmung	Habit Tracker

ein aus ein aus ein aus

♥♥ ☺ ☺ ☹ ☹◦   ① ② ③

Dafür bin ich heute dankbar:

Platz für meine Gedanken:

Heutiger Self-Care Moment:

Mein Learning:

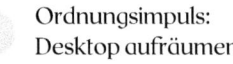

Ordnungsimpuls:
Desktop aufräumen

Datum   Atemfokus   Meine Stimmung   Habit Tracker

                    ein   aus   ein   aus   ein   aus   😊 😊 😊 😐 😟 😢   1   2   3

Dafür bin ich heute dankbar: Platz für meine Gedanken:

Heutiger Self-Care Moment:

Mein Learning:

Ordnungsimpuls:
Küchenfronten reinigen

Das Leben beginnt dort, wo die Angst endet.
– Osho

Datum   Atemfokus   Meine Stimmung   Habit Tracker

                    ein   aus   ein   aus   ein   aus   😊 😊 😊 😐 😟 😢   1   2   3

Dafür bin ich heute dankbar: Platz für meine Gedanken:

Heutiger Self-Care Moment:

Mein Learning:

Ordnungsimpuls:
Zwei Kisten im Keller/ in der Kammer sichten

Datum	Atemfokus	Meine Stimmung	Habit Tracker
	ein aus ein aus ein aus	♥♥ ☺ ☹ ☹ ☹	1 2 3

Dafür bin ich heute dankbar:

Platz für meine Gedanken:

Heutiger Self-Care Moment:

Mein Learning:

Ordnungsimpuls:
Frischhaltedosen und Deckel sortieren

> Nur wer seinen eigenen Weg geht, kann von niemandem
> überholt werden. –Marlon Brando

Datum	Atemfokus	Meine Stimmung	Habit Tracker
	ein aus ein aus ein aus	♥♥ ☺ ☹ ☹ ☹	1 2 3

Dafür bin ich heute dankbar:

Platz für meine Gedanken:

Heutiger Self-Care Moment:

Mein Learning:

Ordnungsimpuls:
Fensterbank außen reinigen

Datum	Atemfokus	Meine Stimmung	Habit Tracker

ein   aus   ein   aus   ein   aus   😊 😊 😊 😐 😣 😖   1   2   3

Dafür bin ich heute dankbar:

Platz für meine Gedanken:

Heutiger Self-Care Moment:

Mein Learning:

Ordnungsimpuls:
Strom- und Gasverträge prüfen und ggf. wechseln

"Gib niemals auf, denn du weißt nie, wie nah du deinem Ziel
bist. – Unbekannt

Notizen:

Wochenreflexion

Highlights der Woche:

Das habe ich gelernt:

Energieräuber: Energiespender:

Meine Intention für nächste Woche:

So möchte ich mich nächste Woche fühlen:

freudig dankbar zufrieden begeistert stolz stark zuversichtlich aktiv liebevoll
mutig leidenschaftlich frei glücklich optimistisch gelassen inspiriert erfüllt
interessiert authentisch entspannt hoffnungsvoll selbstbewusst neugierig
konzentriert wertvoll lebendig selbstsicher verbunden geborgen geerdet

_____

Datum   Atemfokus   Meine Stimmung   Habit Tracker

               ein   aus   ein   aus   ein   aus   ♥♥ ☺ ☺ ☹ ☹   1   2   3

Dafür bin ich heute dankbar: Platz für meine Gedanken:

Heutiger Self-Care Moment:

Mein Learning:

Ordnungsimpuls:
Türen abwischen

Das, worauf du deine Aufmerksamkeit richtest, wächst.
– T. Harv Eker

Datum   Atemfokus   Meine Stimmung   Habit Tracker

               ein   aus   ein   aus   ein   aus   ♥♥ ☺ ☺ ☹ ☹   1   2   3

Dafür bin ich heute dankbar: Platz für meine Gedanken:

Heutiger Self-Care Moment:

Mein Learning:

Ordnungsimpuls:
Unterschrank Spüle aufräumen

Datum	Atemfokus						Meine Stimmung	Habit Tracker
	ein	aus	ein	aus	ein	aus	♥♥ ☺ ☹ ☹ ☹	① ② ③

Dafür bin ich heute dankbar:

Platz für meine Gedanken:

Heutiger Self-Care Moment:

Mein Learning:

Ordnungsimpuls:
Alte Batterien entsorgen

> Der Mut wächst mit jedem Schritt, den man ins Ungewisse
> wagt. – Franz Kafka

Datum	Atemfokus						Meine Stimmung	Habit Tracker
	ein	aus	ein	aus	ein	aus	♥♥ ☺ ☹ ☹ ☹	① ② ③

Dafür bin ich heute dankbar:

Platz für meine Gedanken:

Heutiger Self-Care Moment:

Mein Learning:

Ordnungsimpuls:
Zwei Paar Schuhe putzen

Datum   Atemfokus   Meine Stimmung   Habit Tracker

ein   aus   ein   aus   ein   aus   ♥ ♥ ☺ ☺ ☹ ☹ ☹   1   2   3

Dafür bin ich heute dankbar: Platz für meine Gedanken:

Heutiger Self-Care Moment:

Mein Learning:

Ordnungsimpuls:
Gemüsefach im Kühlschrank reinigen

Wer aufhört, besser zu werden, hat aufgehört, gut zu sein.
– Philip Rosenthal

Datum   Atemfokus   Meine Stimmung   Habit Tracker

ein   aus   ein   aus   ein   aus   ♥ ♥ ☺ ☺ ☹ ☹ ☹   1   2   3

Dafür bin ich heute dankbar: Platz für meine Gedanken:

Heutiger Self-Care Moment:

Mein Learning:

Ordnungsimpuls:
Kabel ordnen und aussortieren

Datum	Atemfokus	Meine Stimmung	Habit Tracker

ein aus ein aus ein aus

♥♥ ☺ ☺ ☹ ☹

① ② ③

Dafür bin ich heute dankbar:

Platz für meine Gedanken:

Heutiger Self-Care Moment:

Mein Learning:

Ordnungsimpuls:
Seifenspender reinigen und auffüllen

Sei nicht nur erfolgreich, sondern wertvoll.
– Albert Einstein

Notizen:

Wochenreflexion

Highlights der Woche:

Das habe ich gelernt:

Energieräuber: Energiespender:

Meine Intention für nächste Woche:

So möchte ich mich nächste Woche fühlen:

freudig dankbar zufrieden begeistert stolz stark zuversichtlich aktiv liebevoll mutig leidenschaftlich frei glücklich optimistisch gelassen inspiriert erfüllt interessiert authentisch entspannt hoffnungsvoll selbstbewusst neugierig konzentriert wertvoll lebendig selbstsicher verbunden geborgen geerdet

_____

Datum   Atemfokus   Meine Stimmung   Habit Tracker

ein   aus   ein   aus   ein   aus   ♥♥ ☺ 😐 😟 😫   ① ② ③

Dafür bin ich heute dankbar: Platz für meine Gedanken:

Heutiger Self-Care Moment:

Mein Learning:

Ordnungsimpuls:
Mülleimer reinigen

> Die größte Offenbarung ist die Stille.
> – Laotse

Datum   Atemfokus   Meine Stimmung   Habit Tracker

ein   aus   ein   aus   ein   aus   ♥♥ ☺ 😐 😫 😫   ① ② ③

Dafür bin ich heute dankbar: Platz für meine Gedanken:

Heutiger Self-Care Moment:

Mein Learning:

Ordnungsimpuls:
Abos kontrollieren und ggf. kündigen

Datum   Atemfokus   Meine Stimmung Habit Tracker

ein aus ein aus ein aus   😍 🙂 😐 😣 😢 1 2 3

Dafür bin ich heute dankbar: Platz für meine Gedanken:

Heutiger Self-Care Moment:

Mein Learning:

Ordnungsimpuls:
Elektrische Zahnbürste reinigen

Alles, was du brauchst, ist bereits in dir.
– Rumi

Datum   Atemfokus   Meine Stimmung Habit Tracker

ein aus ein aus ein aus   😍 🙂 😐 😣 😢 1 2 3

Dafür bin ich heute dankbar: Platz für meine Gedanken:

Heutiger Self-Care Moment:

Mein Learning:

Ordnungsimpuls:
Trinkflaschen ordnen und aussortieren

Datum	Atemfokus						Meine Stimmung	Habit Tracker

Atemfokus: ein aus ein aus ein aus

Meine Stimmung: 💕 ☺ 😐 😕 😢

Habit Tracker: 1 2 3

Dafür bin ich heute dankbar:

Platz für meine Gedanken:

Heutiger Self-Care Moment:

Mein Learning:

Ordnungsimpuls:
Einzelne Socken wegschmeißen

> Man sieht nur mit dem Herzen gut, das Wesentliche ist für
> die Augen unsichtbar. – Antoine de Saint-Exupéry

Datum	Atemfokus						Meine Stimmung	Habit Tracker

Atemfokus: ein aus ein aus ein aus

Meine Stimmung: 💕 ☺ 😐 😕 😢

Habit Tracker: 1 2 3

Dafür bin ich heute dankbar:

Platz für meine Gedanken:

Heutiger Self-Care Moment:

Mein Learning:

Ordnungsimpuls:
Backzubehör ordnen und aussortieren

Datum	Atemfokus	Meine Stimmung	Habit Tracker

Atemfokus: ein aus ein aus ein aus

Meine Stimmung: 😍 🙂 😐 🙁 😢

Habit Tracker: 1 2 3

Dafür bin ich heute dankbar:

Platz für meine Gedanken:

Heutiger Self-Care Moment:

Mein Learning:

Ordnungsimpuls:
Bett neu beziehen

Lass dich nicht unterkriegen, sei frech und wild und wunderbar. – Astrid Lindgren

Notizen:

Wochenreflexion

Highlights der Woche:

Das habe ich gelernt:

Energieräuber: Energiespender:

Meine Intention für nächste Woche:

So möchte ich mich nächste Woche fühlen:

freudig dankbar zufrieden begeistert stolz stark zuversichtlich aktiv liebevoll
mutig leidenschaftlich frei glücklich optimistisch gelassen inspiriert erfüllt
interessiert authentisch entspannt hoffnungsvoll selbstbewusst neugierig
konzentriert wertvoll lebendig selbstsicher verbunden geborgen geerdet

Datum   Atemfokus   Meine Stimmung   Habit Tracker

               ein   aus   ein   aus   ein   aus   ♥♥   ☺   ☺   ☹   ☹   1   2   3

Dafür bin ich heute dankbar: Platz für meine Gedanken:

Heutiger Self-Care Moment:

Mein Learning:

Ordnungsimpuls:
Scheren reinigen

Ein Ziel ohne Plan ist nur ein Wunsch.
– Antoine de Saint-Exupéry

Datum   Atemfokus   Meine Stimmung   Habit Tracker

               ein   aus   ein   aus   ein   aus   ♥♥   ☺   ☺   ☹   ☹   1   2   3

Dafür bin ich heute dankbar: Platz für meine Gedanken:

Heutiger Self-Care Moment:

Mein Learning:

Ordnungsimpuls:
Pfandflaschen wegbringen

Datum	Atemfokus	Meine Stimmung	Habit Tracker
	ein aus ein aus ein aus	♥♥ ☺ ☺ ☹ ☹	1 2 3

Dafür bin ich heute dankbar:

Platz für meine Gedanken:

Heutiger Self-Care Moment:

Mein Learning:

Ordnungsimpuls:
Heizung in der Küche reinigen

> Der erste Schritt, um irgendwohin zu gelangen, ist die
> Entscheidung, nicht mehr dort zu bleiben, wo man ist.
> – John Pierpont Morgan

Datum	Atemfokus	Meine Stimmung	Habit Tracker
	ein aus ein aus ein aus	♥♥ ☺ ☺ ☹ ☹	1 2 3

Dafür bin ich heute dankbar:

Platz für meine Gedanken:

Heutiger Self-Care Moment:

Mein Learning:

Ordnungsimpuls:
Matratze wenden

Datum   Atemfokus   Meine Stimmung   Habit Tracker

ein   aus   ein   aus   ein   aus   😊 😌 😐 😖 😢   1   2   3

Dafür bin ich heute dankbar: Platz für meine Gedanken:

Heutiger Self-Care Moment:

Mein Learning:

Ordnungsimpuls:
Gefrierfach abtauen

Erfolg ist die Summe kleiner Anstrengungen, die Tag für
Tag wiederholt werden. – Robert Collier

Datum   Atemfokus   Meine Stimmung   Habit Tracker

ein   aus   ein   aus   ein   aus   😊 😌 😐 😖 😢   1   2   3

Dafür bin ich heute dankbar: Platz für meine Gedanken:

Heutiger Self-Care Moment:

Mein Learning:

Ordnungsimpuls:
Handy und Kopfhörer reinigen

Datum   Atemfokus   Meine Stimmung   Habit Tracker

ein   aus   ein   aus   ein   aus   ♥♥   ☺   ☹   ☹   ☹   ①   ②   ③

Dafür bin ich heute dankbar: Platz für meine Gedanken:

Heutiger Self-Care Moment:

Mein Learning:

Ordnungsimpuls:
E-Mail-Postfach aufräumen

" Glück ist nicht das Ziel der Reise, sondern die Art, wie man
reist. – Margaret Lee Runbeck

Notizen:

Wochenreflexion

Highlights der Woche:

Das habe ich gelernt:

Energieräuber: Energiespender:

Meine Intention für nächste Woche:

So möchte ich mich nächste Woche fühlen:

freudig dankbar zufrieden begeistert stolz stark zuversichtlich aktiv liebevoll mutig leidenschaftlich frei glücklich optimistisch gelassen inspiriert erfüllt interessiert authentisch entspannt hoffnungsvoll selbstbewusst neugierig konzentriert wertvoll lebendig selbstsicher verbunden geborgen geerdet

_____

Monatsreflexion

Für diese drei Dinge im vergangenen Monat bin ich dankbar:

Selfcare-Aktivitäten, die mir im vergangenen Monat gut getan haben:

Besonders wertvolle Begegnungen oder Gespräche im vergangenen Monat:

Eine Intention oder ein Motto, das mich durch den nächsten Monat begleiten soll:

Habit Tracker: Raum für die Definition und Verfolgung neuer Gewohnheiten im nächsten Monat

1

2

3

Marmeladenglasmoment des Monats:

Impuls des Monats

Tief durchatmen

Atemübungen sind eine hervorragende Möglichkeit, um Stress abzubauen und den Geist zu beruhigen. Indem du dich bewusst auf deinen Atem konzentrierst, kannst du in nur wenigen Minuten ein Gefühl der Ruhe und Entspannung erreichen. Diesen Monat möchten wir dich ermutigen, deinen Tag mit einer einfachen Atemübung zu beginnen.

Atemübung: 4-4-6 Atemtechnik

1. Finde einen ruhigen Ort, setze dich bequem hin oder lege dich hin. Achte darauf, dass du ungestört bist.
2. Schließe sanft deine Augen, um Ablenkungen zu minimieren.
3. Atme langsam und tief durch die Nase ein, während du bis vier zählst.
4. Halte den Atem für vier Sekunden an.
5. Atme langsam und vollständig durch den Mund aus, während du bis sechs zählst.
6. Wiederhole diesen Zyklus fünf Mal. Konzentriere dich darauf, wie sich dein Körper bei jedem Atemzug entspannt.

Vorteile der Atemübungen

Regelmäßige Atemübungen können viele positive Auswirkungen auf dein Wohlbefinden haben:
- Reduktion von Stress
- Verbesserte Konzentration
- Besserer Schlaf
- Erhöhte Achtsamkeit

Datum	Atemfokus	Meine Stimmung	Habit Tracker
	ein aus ein aus ein aus	☻ ☺ ☹ ☹ ☹	1 2 3

Dafür bin ich heute dankbar:

Platz für meine Gedanken:

Heutiger Self-Care Moment:

Mein Learning:

Ordnungsimpuls:
Brotkasten reinigen

> Die beste Art, sich selbst eine Freude zu machen, ist,
> anderen eine Freude zu bereiten. – Mark Twain

Datum	Atemfokus	Meine Stimmung	Habit Tracker
	ein aus ein aus ein aus	☻ ☺ ☹ ☹ ☹	1 2 3

Dafür bin ich heute dankbar:

Platz für meine Gedanken:

Heutiger Self-Care Moment:

Mein Learning:

Ordnungsimpuls:
Dunstabzugshaube reinigen

Datum	Atemfokus						Meine Stimmung	Habit Tracker
	ein	aus	ein	aus	ein	aus	♥♥ ☺ ☺ ☹ ☹	1 2 3

Dafür bin ich heute dankbar:

Platz für meine Gedanken:

Heutiger Self-Care Moment:

Mein Learning:

Ordnungsimpuls:
Verwelkte Blätter entfernen

Sei die Energie, die du in die Welt bringen möchtest.
– Unbekannt

Datum	Atemfokus						Meine Stimmung	Habit Tracker
	ein	aus	ein	aus	ein	aus	♥♥ ☺ ☺ ☹ ☹	1 2 3

Dafür bin ich heute dankbar:

Platz für meine Gedanken:

Heutiger Self-Care Moment:

Mein Learning:

Ordnungsimpuls:
Sofa absaugen

Datum	Atemfokus	Meine Stimmung	Habit Tracker
	ein aus ein aus ein aus	😊 🙂 😐 😟 😣	① ② ③

Dafür bin ich heute dankbar:

Platz für meine Gedanken:

Heutiger Self-Care Moment:

Mein Learning:

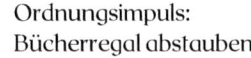

Ordnungsimpuls:
Zimmerpflanzen düngen

> Alles, was wir sind, ist das Ergebnis unserer Gedanken.
> – Buddha

Datum	Atemfokus	Meine Stimmung	Habit Tracker
	ein aus ein aus ein aus	😊 🙂 😐 😟 😣	① ② ③

Dafür bin ich heute dankbar:

Platz für meine Gedanken:

Heutiger Self-Care Moment:

Mein Learning:

Ordnungsimpuls:
Bücherregal abstauben

Datum	Atemfokus	Meine Stimmung	Habit Tracker

ein aus ein aus ein aus

♥♥ ☺ ☹ 😣 😫   1   2   3

Dafür bin ich heute dankbar:

Platz für meine Gedanken:

Heutiger Self-Care Moment:

Mein Learning:

Ordnungsimpuls:
Haarbürste reinigen

Der Weg ist das Ziel.
– Konfuzius

Notizen:

Wochenreflexion

Highlights der Woche:

Das habe ich gelernt:

Energieräuber: Energiespender:

Meine Intention für nächste Woche:

So möchte ich mich nächste Woche fühlen:

freudig dankbar zufrieden begeistert stolz stark zuversichtlich aktiv liebevoll
mutig leidenschaftlich frei glücklich optimistisch gelassen inspiriert erfüllt
interessiert authentisch entspannt hoffnungsvoll selbstbewusst neugierig
konzentriert wertvoll lebendig selbstsicher verbunden geborgen geerdet

_____

Datum	Atemfokus						Meine Stimmung	Habit Tracker
	ein	aus	ein	aus	ein	aus	😍 ☺ 😐 😟 😢	1 2 3

Dafür bin ich heute dankbar: **Platz für meine Gedanken:**

Heutiger Self-Care Moment:

Mein Learning:

Ordnungsimpuls:
Toilettenbrille reinigen

Mut steht am Anfang des Handelns, Glück am Ende.
– Demokrit

Datum	Atemfokus						Meine Stimmung	Habit Tracker
	ein	aus	ein	aus	ein	aus	😍 ☺ 😐 😟 😢	1 2 3

Dafür bin ich heute dankbar: **Platz für meine Gedanken:**

Heutiger Self-Care Moment:

Mein Learning:

Ordnungsimpuls:
Kleidung bügeln

Datum	Atemfokus						Meine Stimmung	Habit Tracker
	ein	aus	ein	aus	ein	aus		1 2 3

Dafür bin ich heute dankbar:

Platz für meine Gedanken:

Heutiger Self-Care Moment:

Mein Learning:

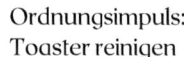

Ordnungsimpuls:
Handtasche aufräumen und aussortieren

> Ein Traum wird nicht Wirklichkeit durch Magie, sondern durch Schweiß, Entschlossenheit und harte Arbeit.
> – Colin Powell

Datum	Atemfokus						Meine Stimmung	Habit Tracker
	ein	aus	ein	aus	ein	aus		1 2 3

Dafür bin ich heute dankbar:

Platz für meine Gedanken:

Heutiger Self-Care Moment:

Mein Learning:

Ordnungsimpuls:
Toaster reinigen

Datum   Atemfokus   Meine Stimmung   Habit Tracker

               ein aus ein aus ein aus   ♥♥ ☺ ☺ ☹ ☹   1   2   3

Dafür bin ich heute dankbar: Platz für meine Gedanken:

Heutiger Self-Care Moment:

Mein Learning:

Ordnungsimpuls:
Lose Unterlagen abheften

Deine Gedanken formen deine Realität.
– Unbekannt

Datum   Atemfokus   Meine Stimmung   Habit Tracker

               ein aus ein aus ein aus   ♥♥ ☺ ☺ ☹ ☹   1   2   3

Dafür bin ich heute dankbar: Platz für meine Gedanken:

Heutiger Self-Care Moment:

Mein Learning:

Ordnungsimpuls:
Angefangene Aufgabe beenden

Datum	Atemfokus	Meine Stimmung	Habit Tracker

ein   aus   ein   aus   ein   aus

Dafür bin ich heute dankbar:

Platz für meine Gedanken:

Heutiger Self-Care Moment:

Mein Learning:

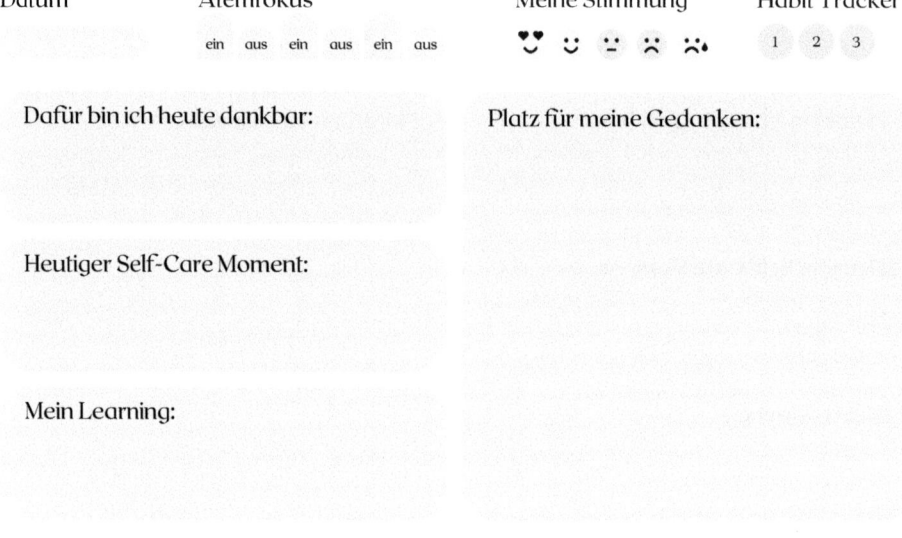

Ordnungsimpuls:
Gewürze ordnen und aussortieren

> Wer nichts verändern will, wird auch das verlieren, was er bewahren möchte. – Gustav Heinemann

Notizen:

Wochenreflexion

Highlights der Woche:

Das habe ich gelernt:

Energieräuber: Energiespender:

Meine Intention für nächste Woche:

So möchte ich mich nächste Woche fühlen:

freudig dankbar zufrieden begeistert stolz stark zuversichtlich aktiv liebevoll mutig leidenschaftlich frei glücklich optimistisch gelassen inspiriert erfüllt interessiert authentisch entspannt hoffnungsvoll selbstbewusst neugierig konzentriert wertvoll lebendig selbstsicher verbunden geborgen geerdet

_____

Datum Atemfokus Meine Stimmung Habit Tracker

ein aus ein aus ein aus ♥♥ ☺ ☹ ☹ ☹• ① ② ③

Dafür bin ich heute dankbar:

Platz für meine Gedanken:

Heutiger Self-Care Moment:

Mein Learning:

Ordnungsimpuls:
Blumen gießen

> Auch eine schwere Tür hat nur einen kleinen Schlüssel
> nötig. – Charles Dickens

Datum Atemfokus Meine Stimmung Habit Tracker

ein aus ein aus ein aus ♥♥ ☺ ☹ ☹ ☹• 1 2 3

Dafür bin ich heute dankbar:

Platz für meine Gedanken:

Heutiger Self-Care Moment:

Mein Learning:

Ordnungsimpuls:
Deplatzierte Sachen vom Balkon entfernen

Datum   Atemfokus   Meine Stimmung   Habit Tracker

ein   aus   ein   aus   ein   aus

1   2   3

Dafür bin ich heute dankbar: **Platz für meine Gedanken:**

Heutiger Self-Care Moment:

Mein Learning:

Ordnungsimpuls:
Kleider aussortieren und spenden

Glaub an dich und alles ist möglich.
– Unbekannt

Datum   Atemfokus   Meine Stimmung   Habit Tracker

ein   aus   ein   aus   ein   aus

1   2   3

Dafür bin ich heute dankbar: **Platz für meine Gedanken:**

Heutiger Self-Care Moment:

Mein Learning:

Ordnungsimpuls:
Kleinkram im Bad ordnen

Datum   Atemfokus   Meine Stimmung   Habit Tracker

                  ein aus ein aus ein aus   ♥♥ ☺ ☹ ☹ ☹   ① ② ③

Dafür bin ich heute dankbar: Platz für meine Gedanken:

Heutiger Self-Care Moment:

Mein Learning:

Ordnungsimpuls:
Abgelaufene Lebensmittel entsorgen

> Veränderungen schaffen Raum für Wachstum.
> – Unbekannt

Datum   Atemfokus   Meine Stimmung   Habit Tracker

                  ein aus ein aus ein aus   ♥♥ ☺ ☹ ☹ ☹   ① ② ③

Dafür bin ich heute dankbar: Platz für meine Gedanken:

Heutiger Self-Care Moment:

Mein Learning:

Ordnungsimpuls:
Alte Zeitschriften aussortieren

Datum   Atemfokus   Meine Stimmung   Habit Tracker

            ein   aus   ein   aus   ein   aus   😍 😊 🙂 😕 😣   1   2   3

Dafür bin ich heute dankbar: Platz für meine Gedanken:

Heutiger Self-Care Moment:

Mein Learning:

Ordnungsimpuls:
Nachttisch aufräumen

Die wahre Reise besteht nicht darin, neue Landschaften zu
entdecken, sondern darin, mit neuen Augen zu sehen.
– Marcel Proust

Notizen:

Wochenreflexion

Highlights der Woche:

Das habe ich gelernt:

Energieräuber: Energiespender:

Meine Intention für nächste Woche:

So möchte ich mich nächste Woche fühlen:

freudig dankbar zufrieden begeistert stolz stark zuversichtlich aktiv liebevoll
mutig leidenschaftlich frei glücklich optimistisch gelassen inspiriert erfüllt
interessiert authentisch entspannt hoffnungsvoll selbstbewusst neugierig
konzentriert wertvoll lebendig selbstsicher verbunden geborgen geerdet

Datum   Atemfokus   Meine Stimmung   Habit Tracker

ein   aus   ein   aus   ein   aus   ♥♥ ☺ ☹ ☹ ☹   1   2   3

Dafür bin ich heute dankbar: Platz für meine Gedanken:

Heutiger Self-Care Moment:

Mein Learning:

Ordnungsimpuls:
Putzmittel organisieren

Wahre Größe zeigt sich nicht darin, nie zu fallen, sondern
jedes Mal wieder aufzustehen. – Nelson Mandela

Datum   Atemfokus   Meine Stimmung   Habit Tracker

ein   aus   ein   aus   ein   aus   ♥♥ ☺ ☹ ☹ ☹   1   2   3

Dafür bin ich heute dankbar: Platz für meine Gedanken:

Heutiger Self-Care Moment:

Mein Learning:

Ordnungsimpuls:
Schreibtischschubladen aufräumen

Datum   Atemfokus   Meine Stimmung   Habit Tracker

          ein aus ein aus ein aus   😊 🙂 😐 😟 😢   ① ② ③

Dafür bin ich heute dankbar: Platz für meine Gedanken:

Heutiger Self-Care Moment:

Mein Learning:

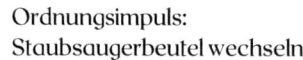

Ordnungsimpuls:
Fenster im Schlafzimmer reinigen

> Du bist nicht deine Vergangenheit, sondern der Schöpfer
> deiner Zukunft. – Unbekannt

Datum   Atemfokus   Meine Stimmung   Habit Tracker

          ein aus ein aus ein aus   😊 🙂 😐 😟 😢   ① ② ③

Dafür bin ich heute dankbar: Platz für meine Gedanken:

Heutiger Self-Care Moment:

Mein Learning:

Ordnungsimpuls:
Staubsaugerbeutel wechseln

Datum   Atemfokus   Meine Stimmung   Habit Tracker

                 ein   aus   ein   aus   ein   aus   😊 😊 😐 😟 😫   1   2   3

Dafür bin ich heute dankbar: Platz für meine Gedanken:

Heutiger Self-Care Moment:

Mein Learning:

Ordnungsimpuls:
Schlüsselablage ordnen

Der beste Weg, die Zukunft vorherzusagen, ist, sie zu
erschaffen. – Peter Drucker

Datum   Atemfokus   Meine Stimmung   Habit Tracker

                 ein   aus   ein   aus   ein   aus   😊 😊 😐 😟 😫   1   2   3

Dafür bin ich heute dankbar: Platz für meine Gedanken:

Heutiger Self-Care Moment:

Mein Learning:

Ordnungsimpuls:
Bettzeug und Kissen ausschütteln und lüften

Datum	Atemfokus						Meine Stimmung	Habit Tracker
	ein	aus	ein	aus	ein	aus	♥♥ ☺ ☺ ☹ ☹	1 2 3

Dafür bin ich heute dankbar:

Platz für meine Gedanken:

Heutiger Self-Care Moment:

Mein Learning:

Ordnungsimpuls:
Brillen und Sonnenbrillen reinigen

> Das Leben ist das, was passiert, während du andere Pläne machst. – John Lennon

Notizen:

Wochenreflexion

Highlights der Woche:

Das habe ich gelernt:

Energieräuber: Energiespender:

Meine Intention für nächste Woche:

So möchte ich mich nächste Woche fühlen:

freudig dankbar zufrieden begeistert stolz stark zuversichtlich aktiv liebevoll mutig leidenschaftlich frei glücklich optimistisch gelassen inspiriert erfüllt interessiert authentisch entspannt hoffnungsvoll selbstbewusst neugierig konzentriert wertvoll lebendig selbstsicher verbunden geborgen geerdet

_____

Monatsreflexion

Für diese drei Dinge im vergangenen Monat bin ich dankbar:

Selfcare-Aktivitäten, die mir im vergangenen Monat gut getan haben:

Besonders wertvolle Begegnungen oder Gespräche im vergangenen Monat:

Eine Intention oder ein Motto, das mich durch den nächsten Monat begleiten soll:

Habit Tracker: Raum für die Definition und Verfolgung neuer Gewohnheiten im nächsten Monat

1

2

3

Marmeladenglasmoment des Monats:

Impuls des Monats

Gestalte deine Morgenroutine

Eine gute Morgenroutine kann den Ton für den ganzen Tag setzen. Sie hilft dir, stressfrei in den Tag zu starten, produktiver zu sein und dich insgesamt wohler zu fühlen. Diesen Monat möchten wir dich ermutigen, eine Morgenroutine zu etablieren, die zu dir passt.

Tipps für eine Morgenroutine

- **Früh aufstehen:** Versuche, jeden Tag zur gleichen Zeit aufzustehen. Dies hilft deinem Körper, einen natürlichen Rhythmus zu entwickeln und den Tag produktiv zu beginnen.
- **Wasser am Morgen:** Trinke nach dem Aufstehen ein Glas Wasser. Dies hilft, deinen Körper zu rehydrieren und deinen Stoffwechsel anzukurbeln.
- **Bewegung:** Plane einige Minuten für körperliche Aktivität ein. Dies kann Yoga, ein kurzer Spaziergang oder eine leichte Dehnübung sein, um deinen Kreislauf in Schwung zu bringen.
- **Dankbarkeit:** Praktiziere Dankbarkeit, indem du jeden Morgen ein paar Dinge aufschreibst, für die du dankbar bist. Dies kann dazu beitragen, eine positive Einstellung zu fördern und den Tag mit einer positiven Note zu beginnen.
- **Gesundes Frühstück:** Ein nahrhaftes Frühstück gibt dir die Energie, die du für den Tag benötigst. Wähle Lebensmittel, die reich an Proteinen, Ballaststoffen und Vitaminen sind.
- **Tagesplanung:** Nimm dir ein paar Minuten, um deinen Tag zu planen. Schreibe die wichtigsten Aufgaben auf und setze Prioritäten.
- **Lesen oder Lernen:** Verbringe Zeit damit, etwas Inspirierendes zu lesen oder dich weiterzubilden. Dies kann ein Buch, ein Podcast oder ein Artikel sein, der dich motiviert und inspiriert.

Datum	Atemfokus						Meine Stimmung	Habit Tracker
	ein	aus	ein	aus	ein	aus	♥♥ ☺ ☹ ☹ ☹	1 2 3

Dafür bin ich heute dankbar:

Platz für meine Gedanken:

Heutiger Self-Care Moment:

Mein Learning:

Ordnungsimpuls:
Duschkopf entkalken

> Wer glaubt, keine Zeit zu haben, wird früher oder später
> Zeit haben, um nachzudenken. – Unbekannt

Datum	Atemfokus						Meine Stimmung	Habit Tracker
	ein	aus	ein	aus	ein	aus	♥♥ ☺ ☹ ☹ ☹	1 2 3

Dafür bin ich heute dankbar:

Platz für meine Gedanken:

Heutiger Self-Care Moment:

Mein Learning:

Ordnungsimpuls:
Waschmittelfach der Waschmaschine reinigen

Datum	Atemfokus	Meine Stimmung	Habit Tracker
	ein aus ein aus ein aus	♥♥ ☺ ☹ ☹ ☹	1 2 3

Dafür bin ich heute dankbar:

Platz für meine Gedanken:

Heutiger Self-Care Moment:

Mein Learning:

Ordnungsimpuls:
Rucksack reinigen und aufräumen

Deine Energie zieht das an, was du in deinem Leben haben
möchtest. – Unbekannt

Datum	Atemfokus	Meine Stimmung	Habit Tracker
	ein aus ein aus ein aus	♥♥ ☺ ☹ ☹ ☹	1 2 3

Dafür bin ich heute dankbar:

Platz für meine Gedanken:

Heutiger Self-Care Moment:

Mein Learning:

Ordnungsimpuls:
Etwas Kaputtes reparieren

Datum	Atemfokus						Meine Stimmung	Habit Tracker
	ein	aus	ein	aus	ein	aus	☺ ☺ ☺ ☺ ☺	1 2 3

Dafür bin ich heute dankbar:

Platz für meine Gedanken:

Heutiger Self-Care Moment:

Mein Learning:

Ordnungsimpuls:
Badewannen- und Duscharmaturen reinigen

> Jeder Tag ist eine neue Chance, das zu tun, was du
> möchtest. – Friedrich Nietzsche

Datum	Atemfokus						Meine Stimmung	Habit Tracker
	ein	aus	ein	aus	ein	aus	☺ ☺ ☺ ☺ ☺	1 2 3

Dafür bin ich heute dankbar:

Platz für meine Gedanken:

Heutiger Self-Care Moment:

Mein Learning:

Ordnungsimpuls:
Fahrrad-Check

Datum   Atemfokus   Meine Stimmung   Habit Tracker

                ein   aus   ein   aus   ein   aus   😊 😊 😐 😖 😫   1   2   3

Dafür bin ich heute dankbar: Platz für meine Gedanken:

Heutiger Self-Care Moment:

Mein Learning:

Ordnungsimpuls:
Blumenvasen reinigen und ordnen

Der Sinn des Lebens ist nicht, einfach nur zu existieren,
sondern sich fortwährend weiterzuentwickeln.
– Ludwig van Beethoven

Notizen:

Wochenreflexion

Highlights der Woche:

Das habe ich gelernt:

Energieräuber: Energiespender:

Meine Intention für nächste Woche:

So möchte ich mich nächste Woche fühlen:

freudig dankbar zufrieden begeistert stolz stark zuversichtlich aktiv liebevoll
mutig leidenschaftlich frei glücklich optimistisch gelassen inspiriert erfüllt
interessiert authentisch entspannt hoffnungsvoll selbstbewusst neugierig
konzentriert wertvoll lebendig selbstsicher verbunden geborgen geerdet

Datum   Atemfokus   Meine Stimmung   Habit Tracker
                         ein   aus   ein   aus   ein   aus   ♥♥ ☺ ☹ ☹ ☹   1   2   3

Dafür bin ich heute dankbar: Platz für meine Gedanken:

Heutiger Self-Care Moment:

Mein Learning:

Ordnungsimpuls:
Vorratsdosen reinigen und auffüllen

Die Qualität deiner Gedanken bestimmt die Qualität deines
Lebens. – Unbekannt

Datum   Atemfokus   Meine Stimmung   Habit Tracker
                         ein   aus   ein   aus   ein   aus   ♥♥ ☺ ☹ ☹ ☹   1   2   3

Dafür bin ich heute dankbar: Platz für meine Gedanken:

Heutiger Self-Care Moment:

Mein Learning:

Ordnungsimpuls:
Alte Kalender und Notizbücher wegwerfen

Datum	Atemfokus	Meine Stimmung	Habit Tracker
	ein aus ein aus ein aus	♥♥ ☺ ☹ ☹ ☹	1 2 3

Dafür bin ich heute dankbar:

Platz für meine Gedanken:

Heutiger Self-Care Moment:

Mein Learning:

Ordnungsimpuls:
Schubladen in der Küche ordnen

> Glücklich sein bedeutet nicht, dass alles perfekt ist. Es
> bedeutet, dass du dich entschieden hast, über die
> Unvollkommenheiten hinwegzusehen. – Unbekannt

Datum	Atemfokus	Meine Stimmung	Habit Tracker
	ein aus ein aus ein aus	♥♥ ☺ ☹ ☹ ☹	1 2 3

Dafür bin ich heute dankbar:

Platz für meine Gedanken:

Heutiger Self-Care Moment:

Mein Learning:

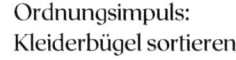

Ordnungsimpuls:
Kleiderbügel sortieren

Datum   Atemfokus   Meine Stimmung   Habit Tracker

ein   aus   ein   aus   ein   aus   ♥♥ ☺ ☹ ☹ ☹   1   2   3

Dafür bin ich heute dankbar: Platz für meine Gedanken:

Heutiger Self-Care Moment:

Mein Learning:

Ordnungsimpuls:
Geschirrspülerfilter reinigen

Es gibt keinen Weg zum Glück. Glücklichsein ist der Weg.
– Buddha

Datum   Atemfokus   Meine Stimmung   Habit Tracker

ein   aus   ein   aus   ein   aus   ♥♥ ☺ ☹ ☹ ☹   1   2   3

Dafür bin ich heute dankbar: Platz für meine Gedanken:

Heutiger Self-Care Moment:

Mein Learning:

Ordnungsimpuls:
Abtropfgestell reinigen

Datum
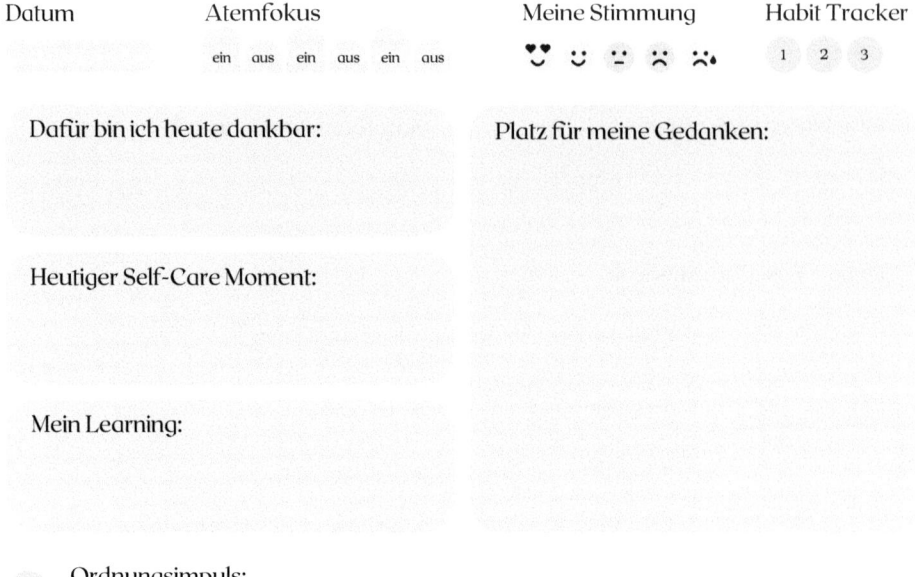

Atemfokus

ein aus ein aus ein aus

Meine Stimmung

Habit Tracker

1 2 3

Dafür bin ich heute dankbar:

Platz für meine Gedanken:

Heutiger Self-Care Moment:

Mein Learning:

Ordnungsimpuls:
Kleiderschranktüren abwischen

Mut bedeutet, Angst zu haben und es trotzdem zu tun.
– Unbekannt

Notizen:

Wochenreflexion

Highlights der Woche:

Das habe ich gelernt:

Energieräuber: Energiespender:

Meine Intention für nächste Woche:

So möchte ich mich nächste Woche fühlen:

freudig dankbar zufrieden begeistert stolz stark zuversichtlich aktiv liebevoll
mutig leidenschaftlich frei glücklich optimistisch gelassen inspiriert erfüllt
interessiert authentisch entspannt hoffnungsvoll selbstbewusst neugierig
konzentriert wertvoll lebendig selbstsicher verbunden geborgen geerdet

_____

Datum   Atemfokus   Meine Stimmung   Habit Tracker

ein   aus   ein   aus   ein   aus   ♥ ♥   ☺   ☹   ☹   ☹   1   2   3

Dafür bin ich heute dankbar:

Platz für meine Gedanken:

Heutiger Self-Care Moment:

Mein Learning:

Ordnungsimpuls:
Kalender und To-Do-Listen aktualisieren

> Jede Herausforderung ist eine Gelegenheit zum Wachstum.
> – Unbekannt

Datum   Atemfokus   Meine Stimmung   Habit Tracker

ein   aus   ein   aus   ein   aus   ♥ ♥   ☺   ☹   ☹   ☹   1   2   3

Dafür bin ich heute dankbar:

Platz für meine Gedanken:

Heutiger Self-Care Moment:

Mein Learning:

Ordnungsimpuls:
Alte Elektronikgeräte entsorgen

Datum   Atemfokus   Meine Stimmung   Habit Tracker

                    ein   aus   ein   aus   ein   aus   😍 😊 😐 😟 😢   1   2   3

Dafür bin ich heute dankbar: Platz für meine Gedanken:

Heutiger Self-Care Moment:

Mein Learning:

Ordnungsimpuls:
Sonnenschutzmittel und Pflegeprodukte überprüfen

Akzeptiere, was ist, lass los, was war, und habe Vertrauen in
das, was kommen wird. – Buddha

Datum   Atemfokus   Meine Stimmung   Habit Tracker

                    ein   aus   ein   aus   ein   aus   😍 😊 😐 😟 😢   1   2   3

Dafür bin ich heute dankbar: Platz für meine Gedanken:

Heutiger Self-Care Moment:

Mein Learning:

Ordnungsimpuls:
Garten- oder Balkonmöbel reinigen

Datum   Atemfokus   Meine Stimmung   Habit Tracker

ein   aus   ein   aus   ein   aus   😍 😊 😐 😕 😣   1   2   3

Dafür bin ich heute dankbar: Platz für meine Gedanken:

Heutiger Self-Care Moment:

Mein Learning:

Ordnungsimpuls:
TV und Bildschirme reinigen

> Jeder Tag ist eine neue Chance, das Beste aus sich zu
> machen. – Ralph Marston

Datum   Atemfokus   Meine Stimmung   Habit Tracker

ein   aus   ein   aus   ein   aus   😍 😊 😐 😕 😣   1   2   3

Dafür bin ich heute dankbar: Platz für meine Gedanken:

Heutiger Self-Care Moment:

Mein Learning:

Ordnungsimpuls:
Alte Rechnungen und Quittungen wegwerfen

Datum   Atemfokus   Meine Stimmung   Habit Tracker

              ein   aus   ein   aus   ein   aus   ♥♥ ☺ ☹ ☹ ☹   1   2   3

Dafür bin ich heute dankbar: Platz für meine Gedanken:

Heutiger Self-Care Moment:

Mein Learning:

Ordnungsimpuls:
Obstkorb reinigen

Es ist nie zu spät, das zu werden, was man hätte sein
können. – George Eliot

Notizen:

Wochenreflexion

Highlights der Woche:

Das habe ich gelernt:

Energieräuber: Energiespender:

Meine Intention für nächste Woche:

So möchte ich mich nächste Woche fühlen:

freudig dankbar zufrieden begeistert stolz stark zuversichtlich aktiv liebevoll
mutig leidenschaftlich frei glücklich optimistisch gelassen inspiriert erfüllt
interessiert authentisch entspannt hoffnungsvoll selbstbewusst neugierig
konzentriert wertvoll lebendig selbstsicher verbunden geborgen geerdet

Datum   Atemfokus   Meine Stimmung   Habit Tracker

               ein   aus   ein   aus   ein   aus   ❤❤ ☺ ☺ ☹ ☹   1   2   3

Dafür bin ich heute dankbar: Platz für meine Gedanken:

Heutiger Self-Care Moment:

Mein Learning:

Ordnungsimpuls:
Fensterrahmen und -dichtungen reinigen

Was vor uns liegt und was hinter uns liegt, ist nichts im
Vergleich zu dem, was in uns liegt. – Ralph Waldo Emerson

Datum   Atemfokus   Meine Stimmung   Habit Tracker

               ein   aus   ein   aus   ein   aus   ❤❤ ☺ ☺ ☹ ☹   1   2   3

Dafür bin ich heute dankbar: Platz für meine Gedanken:

Heutiger Self-Care Moment:

Mein Learning:

Ordnungsimpuls:
Schuhregal reinigen und sortieren

Datum	Atemfokus	Meine Stimmung	Habit Tracker
	ein aus ein aus ein aus	♥♥ ☺ ☺ ☹ ☹	1 2 3

Dafür bin ich heute dankbar:

Platz für meine Gedanken:

Heutiger Self-Care Moment:

Mein Learning:

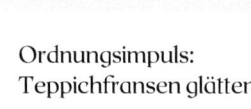

Ordnungsimpuls:
Deko-Artikel aussortieren und neu arrangieren

> Nur wer riskiert, zu weit zu gehen, kann möglicherweise
> herausfinden, wie weit man gehen kann. – T.S. Eliot

Datum	Atemfokus	Meine Stimmung	Habit Tracker
	ein aus ein aus ein aus	♥♥ ☺ ☺ ☹ ☹	1 2 3

Dafür bin ich heute dankbar:

Platz für meine Gedanken:

Heutiger Self-Care Moment:

Mein Learning:

Ordnungsimpuls:
Teppichfransen glätten

Datum	Atemfokus	Meine Stimmung	Habit Tracker
	ein aus ein aus ein aus	😊 🙂 😐 🙁 😢	1 2 3

Dafür bin ich heute dankbar:

Platz für meine Gedanken:

Heutiger Self-Care Moment:

Mein Learning:

Ordnungsimpuls:
Mikrowelle reinigen

Es gibt nur zwei Tage im Jahr, an denen man nichts tun
kann: Der eine ist gestern, der andere ist morgen.
– Dalai Lama

Datum	Atemfokus	Meine Stimmung	Habit Tracker
	ein aus ein aus ein aus	😊 🙂 😐 🙁 😢	1 2 3

Dafür bin ich heute dankbar:

Platz für meine Gedanken:

Heutiger Self-Care Moment:

Mein Learning:

Ordnungsimpuls:
Blumentöpfe abstauben

Datum	Atemfokus	Meine Stimmung	Habit Tracker

ein aus ein aus ein aus

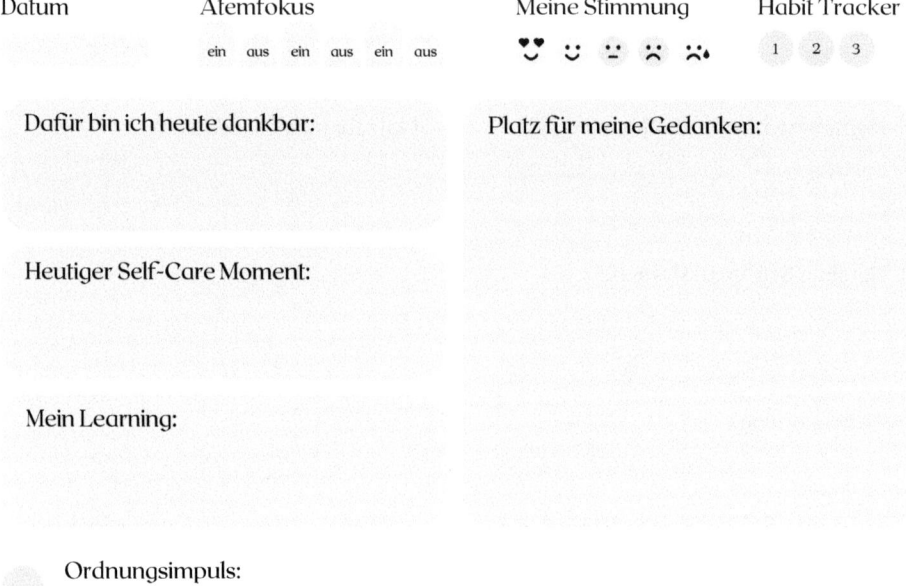

Dafür bin ich heute dankbar:

Platz für meine Gedanken:

Heutiger Self-Care Moment:

Mein Learning:

Ordnungsimpuls:
Fenstergriffe reinigen

Lerne loszulassen, das ist der Schlüssel zum Glück.
– Buddha

Notizen:

Wochenreflexion

Highlights der Woche:

Das habe ich gelernt:

Energieräuber: Energiespender:

Meine Intention für nächste Woche:

So möchte ich mich nächste Woche fühlen:

freudig dankbar zufrieden begeistert stolz stark zuversichtlich aktiv liebevoll mutig leidenschaftlich frei glücklich optimistisch gelassen inspiriert erfüllt interessiert authentisch entspannt hoffnungsvoll selbstbewusst neugierig konzentriert wertvoll lebendig selbstsicher verbunden geborgen geerdet

_____

Monatsreflexion

Für diese drei Dinge im vergangenen Monat bin ich dankbar:

Selfcare-Aktivitäten, die mir im vergangenen Monat gut getan haben:

Besonders wertvolle Begegnungen oder Gespräche im vergangenen Monat:

Eine Intention oder ein Motto, das mich durch den nächsten Monat begleiten soll:

Habit Tracker: Raum für die Definition und Verfolgung neuer Gewohnheiten im nächsten Monat

1

2

3

Marmeladenglasmoment des Monats:

Impuls des Monats

Kleine Akte der Freundlichkeit

Freundlichkeit ist eine einfache, aber kraftvolle Art, um positive Energie in die Welt zu bringen und das Wohlbefinden sowohl für dich selbst als auch für andere zu steigern. Freundlichkeit fördert positive Emotionen, reduziert Stress und stärkt soziale Bindungen. Menschen, die regelmäßig Freundlichkeit praktizieren, sind glücklicher und gesünder. Jeder kleine Akt der Freundlichkeit zählt und kann eine Kettenreaktion von positiven Ereignissen auslösen.

Vorschläge für kleine Akte der Freundlichkeit

- **Lächle:** Ein einfaches Lächeln hebt die Stimmung und ist ansteckend.
- **Komplimente machen:** Ein ehrliches Kompliment, wie „Du hast das wirklich gut gemacht!", kann den Tag eines anderen aufhellen.
- **Handgeschriebene Nachrichten:** Hinterlasse eine handgeschriebene Notiz wie „Danke" oder „Ich schätze dich".
- **Tür aufhalten:** Halte jemandem die Tür auf, um Respekt und Freundlichkeit zu zeigen.
- **Hilfe anbieten:** Biete deine Hilfe an, wenn du siehst, dass jemand sie brauchen könnte.
- **Freundliche Nachrichten verschicken:** Schicke eine kurze „Ich habe an dich gedacht"-Nachricht.
- **Geben ohne zu erwarten:** Lass ein paar Münzen in der Parkuhr für die nächste Person.
- **Dankbarkeit zeigen:** Bedanke dich bei Menschen in deinem Umfeld mit einem aufrichtigen „Danke".
- **Lob und Anerkennung im Job:** Lobe Kollegen für ihre gute Arbeit.
- **Gemeinschaft unterstützen:** Engagiere dich in deiner Gemeinschaft durch Spenden oder freiwillige Arbeit.

Datum	Atemfokus						Meine Stimmung	Habit Tracker
	ein aus ein aus ein aus						😊 🙂 😐 ☹️ 😣	1 2 3

Dafür bin ich heute dankbar:

Platz für meine Gedanken:

Heutiger Self-Care Moment:

Mein Learning:

Ordnungsimpuls:
Kühlschrankdichtung reinigen

> Veränderung passiert, wenn der Schmerz des Bleibens
> größer ist als der Schmerz des Veränderns. – Tony Robbins

Datum	Atemfokus						Meine Stimmung	Habit Tracker
	ein aus ein aus ein aus						😊 🙂 😐 ☹️ 😣	1 2 3

Dafür bin ich heute dankbar:

Platz für meine Gedanken:

Heutiger Self-Care Moment:

Mein Learning:

Ordnungsimpuls:
Versicherungen prüfen und ggf. wechseln

Datum   Atemfokus   Meine Stimmung   Habit Tracker

ein aus ein aus ein aus   ♥♥ ☺ ☹ ☹ ☹   1   2   3

Dafür bin ich heute dankbar: **Platz für meine Gedanken:**

Heutiger Self-Care Moment:

Mein Learning:

Ordnungsimpuls:
Handybilder löschen

*Das Leben kann nur rückwärts verstanden, aber es muss
vorwärts gelebt werden. – Søren Kierkegaard*

Datum   Atemfokus   Meine Stimmung   Habit Tracker

ein aus ein aus ein aus   ♥♥ ☺ ☹ ☹ ☹   1   2   3

Dafür bin ich heute dankbar: **Platz für meine Gedanken:**

Heutiger Self-Care Moment:

Mein Learning:

Ordnungsimpuls:
Schreibtisch aufräumen

Datum	Atemfokus						Meine Stimmung	Habit Tracker
	ein	aus	ein	aus	ein	aus		1 2 3

Dafür bin ich heute dankbar:

Platz für meine Gedanken:

Heutiger Self-Care Moment:

Mein Learning:

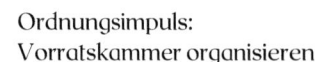

Ordnungsimpuls:
Lampen abstauben

> Glaube an deine Träume und sie könnten wahr werden.
> Glaube an dich selbst und sie werden es ganz sicher.
> – Martin Luther King Jr.

Datum	Atemfokus						Meine Stimmung	Habit Tracker
	ein	aus	ein	aus	ein	aus		1 2 3

Dafür bin ich heute dankbar:

Platz für meine Gedanken:

Heutiger Self-Care Moment:

Mein Learning:

Ordnungsimpuls:
Vorratskammer organisieren

Datum	Atemfokus	Meine Stimmung	Habit Tracker

ein   aus   ein   aus   ein   aus

♥♥ ☺ 😐 🙁 😣

1   2   3

Dafür bin ich heute dankbar:

Platz für meine Gedanken:

Heutiger Self-Care Moment:

Mein Learning:

Ordnungsimpuls:
Haustierfuttervorrat ordnen

Das Geheimnis des Glücks ist Freiheit. Das Geheimnis der
Freiheit ist Mut. – Perikles

Notizen:

Wochenreflexion

Highlights der Woche:

Das habe ich gelernt:

Energieräuber: Energiespender:

Meine Intention für nächste Woche:

So möchte ich mich nächste Woche fühlen:

freudig dankbar zufrieden begeistert stolz stark zuversichtlich aktiv liebevoll
mutig leidenschaftlich frei glücklich optimistisch gelassen inspiriert erfüllt
interessiert authentisch entspannt hoffnungsvoll selbstbewusst neugierig
konzentriert wertvoll lebendig selbstsicher verbunden geborgen geerdet

Datum	Atemfokus	Meine Stimmung	Habit Tracker
	ein aus ein aus ein aus	♥‿♥ ‿ ‿ ✕‿✕ ✕‿✕	1 2 3

Dafür bin ich heute dankbar:

Platz für meine Gedanken:

Heutiger Self-Care Moment:

Mein Learning:

Ordnungsimpuls:
Lichtschalter und Steckdosen reinigen

Jeder Tag ist ein neuer Anfang. Nimm einen tiefen Atemzug
und fange von vorne an. – Unbekannt

Datum	Atemfokus	Meine Stimmung	Habit Tracker
	ein aus ein aus ein aus	♥‿♥ ‿ ‿ ✕‿✕ ✕‿✕	1 2 3

Dafür bin ich heute dankbar:

Platz für meine Gedanken:

Heutiger Self-Care Moment:

Mein Learning:

Ordnungsimpuls:
Wecker und Uhren überprüfen und einstellen

| Datum | Atemfokus | | | | | | Meine Stimmung | Habit Tracker |

ein aus ein aus ein aus

♥♥ ☺ ☺ ☹ ☹ 1 2 3

Dafür bin ich heute dankbar:

Platz für meine Gedanken:

Heutiger Self-Care Moment:

Mein Learning:

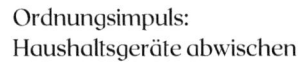

Ordnungsimpuls:
Bügelbrett und Bügeleisen reinigen

> Man kann einem Menschen nichts lehren, man kann ihm
> nur helfen, es in sich selbst zu entdecken. – Galileo Galilei

| Datum | Atemfokus | | | | | | Meine Stimmung | Habit Tracker |

ein aus ein aus ein aus

♥♥ ☺ ☺ ☹ ☹ 1 2 3

Dafür bin ich heute dankbar:

Platz für meine Gedanken:

Heutiger Self-Care Moment:

Mein Learning:

Ordnungsimpuls:
Haushaltsgeräte abwischen

Datum	Atemfokus						Meine Stimmung	Habit Tracker
	ein	aus	ein	aus	ein	aus	♥♥ ☺ ☺ ☹ ☹	1　2　3

Dafür bin ich heute dankbar: Platz für meine Gedanken:

Heutiger Self-Care Moment:

Mein Learning:

Ordnungsimpuls:
Kerzenreste entfernen und Kerzenhalter reinigen

Deine Vision wird nur dann klar, wenn du in dein Herz
schaust. Wer nach außen blickt, träumt; wer nach innen
blickt, erwacht. – Carl Gustav Jung

Datum	Atemfokus						Meine Stimmung	Habit Tracker
	ein	aus	ein	aus	ein	aus	♥♥ ☺ ☺ ☹ ☹	1　2　3

Dafür bin ich heute dankbar: Platz für meine Gedanken:

Heutiger Self-Care Moment:

Mein Learning:

Ordnungsimpuls:
Duschvorhänge reinigen oder austauschen

Datum   Atemfokus   Meine Stimmung   Habit Tracker

                    ein   aus   ein   aus   ein   aus   😊 😌 😐 😣 😫   ① ② ③

Dafür bin ich heute dankbar: Platz für meine Gedanken:

Heutiger Self-Care Moment:

Mein Learning:

Ordnungsimpuls:
Fernbedienungen reinigen und Batterien überprüfen

Ich habe nicht versagt. Ich habe 10.000 Wege gefunden, die
nicht funktionieren. – Thomas Edison

Notizen:

Wochenreflexion

Highlights der Woche:

Das habe ich gelernt:

Energieräuber: Energiespender:

Meine Intention für nächste Woche:

So möchte ich mich nächste Woche fühlen:

freudig dankbar zufrieden begeistert stolz stark zuversichtlich aktiv liebevoll
mutig leidenschaftlich frei glücklich optimistisch gelassen inspiriert erfüllt
interessiert authentisch entspannt hoffnungsvoll selbstbewusst neugierig
konzentriert wertvoll lebendig selbstsicher verbunden geborgen geerdet

_____

Datum	Atemfokus	Meine Stimmung	Habit Tracker
	ein aus ein aus ein aus	♥♥ ☺ ☺ ☹ ☹	1 2 3

Dafür bin ich heute dankbar:

Platz für meine Gedanken:

Heutiger Self-Care Moment:

Mein Learning:

Ordnungsimpuls:
Garderobe sortieren

> Der Unterschied zwischen dem Unmöglichen und dem
> Möglichen liegt in der Entschlossenheit einer Person.
> – Tommy Lasorda

Datum	Atemfokus	Meine Stimmung	Habit Tracker
	ein aus ein aus ein aus	♥♥ ☺ ☺ ☹ ☹	1 2 3

Dafür bin ich heute dankbar:

Platz für meine Gedanken:

Heutiger Self-Care Moment:

Mein Learning:

Ordnungsimpuls:
Teppich reinigen oder absaugen

Datum	Atemfokus	Meine Stimmung	Habit Tracker
	ein aus ein aus ein aus	😊 😊 😐 😟 😢	1 2 3

Dafür bin ich heute dankbar:

Platz für meine Gedanken:

Heutiger Self-Care Moment:

Mein Learning:

Ordnungsimpuls:
Ablageflächen entstauben

Ich kann akzeptieren, dass ich scheitere. Jeder scheitert
irgendwann. Aber ich kann nicht akzeptieren, es nicht zu
versuchen. – Michael Jordan

Datum	Atemfokus	Meine Stimmung	Habit Tracker
	ein aus ein aus ein aus	😊 😊 😐 😟 😢	1 2 3

Dafür bin ich heute dankbar:

Platz für meine Gedanken:

Heutiger Self-Care Moment:

Mein Learning:

Ordnungsimpuls:
Wandbilder und Fotos reinigen und neu arrangieren

Datum	Atemfokus	Meine Stimmung	Habit Tracker

ein   aus   ein   aus   ein   aus

♥♥ 😌 😐 😣 😫   ① ② ③

Dafür bin ich heute dankbar:

Platz für meine Gedanken:

Heutiger Self-Care Moment:

Mein Learning:

Ordnungsimpuls:
Fahrradkette ölen

> "Lass dich von dem, was du nicht tun kannst, nicht davon abhalten, das zu tun, was du kannst. – John Wooden

Datum	Atemfokus	Meine Stimmung	Habit Tracker

ein   aus   ein   aus   ein   aus

♥♥ 😌 😐 😣 😫   ① ② ③

Dafür bin ich heute dankbar:

Platz für meine Gedanken:

Heutiger Self-Care Moment:

Mein Learning:

Ordnungsimpuls:
Pinnwand oder Whiteboard aufräumen

Datum   Atemfokus   Meine Stimmung   Habit Tracker

          ein   aus   ein   aus   ein   aus   ☺ ☺ ☺ ☹ ☹   1   2   3

Dafür bin ich heute dankbar: Platz für meine Gedanken:

Heutiger Self-Care Moment:

Mein Learning:

Ordnungsimpuls:
Alte Schuhe spenden oder entsorgen

Die einzige Person, die du sein solltest, ist die Person, die du
sein willst. – Fred Rogers

Notizen:

Wochenreflexion

Highlights der Woche:

Das habe ich gelernt:

Energieräuber: Energiespender:

Meine Intention für nächste Woche:

So möchte ich mich nächste Woche fühlen:

freudig dankbar zufrieden begeistert stolz stark zuversichtlich aktiv liebevoll
mutig leidenschaftlich frei glücklich optimistisch gelassen inspiriert erfüllt
interessiert authentisch entspannt hoffnungsvoll selbstbewusst neugierig
konzentriert wertvoll lebendig selbstsicher verbunden geborgen geerdet

Datum · Atemfokus

ein · aus · ein · aus · ein · aus

Meine Stimmung

Habit Tracker

1 · 2 · 3

Dafür bin ich heute dankbar:

Platz für meine Gedanken:

Heutiger Self-Care Moment:

Mein Learning:

Ordnungsimpuls:
Fahrradsattel und Lenker reinigen

Die Hauptursache von Unglück ist nie die Situation, sondern
deine Gedanken darüber. – Eckhart Tolle

Datum · Atemfokus

ein · aus · ein · aus · ein · aus

Meine Stimmung

Habit Tracker

1 · 2 · 3

Dafür bin ich heute dankbar:

Platz für meine Gedanken:

Heutiger Self-Care Moment:

Mein Learning:

Ordnungsimpuls:
Alte Rechnungen und Belege entsorgen

Datum	Atemfokus						Meine Stimmung	Habit Tracker

Atemfokus: ein aus ein aus ein aus

Meine Stimmung: ♥♥ ☺ ☺ ☹ ☹

Habit Tracker: 1 2 3

Dafür bin ich heute dankbar:

Platz für meine Gedanken:

Heutiger Self-Care Moment:

Mein Learning:

Ordnungsimpuls:
Kühlschranktüren abwischen

> Die größte Leistung besteht darin, man selbst zu sein in
> einer Welt, die versucht, dich zu etwas anderem zu machen.
> – Ralph Waldo Emerson

Datum   Atemfokus   Meine Stimmung   Habit Tracker

ein aus ein aus ein aus

♥♥ ☺ ☺ ☹ ☹   1 2 3

Dafür bin ich heute dankbar:

Platz für meine Gedanken:

Heutiger Self-Care Moment:

Mein Learning:

Ordnungsimpuls:
Koffer und Reisetaschen aufräumen

Datum   Atemfokus   Meine Stimmung   Habit Tracker

          ein   aus   ein   aus   ein   aus   ♥♥ ☺ ☹ ☹ ☹   1   2   3

Dafür bin ich heute dankbar: Platz für meine Gedanken:

Heutiger Self-Care Moment:

Mein Learning:

Ordnungsimpuls:
Küchenmesser schärfen und pflegen

Der Weg, den du gehst, ist der richtige Weg, weil er dein
Weg ist. – Paulo Coelho

Datum   Atemfokus   Meine Stimmung   Habit Tracker

          ein   aus   ein   aus   ein   aus   ♥♥ ☺ ☹ ☹ ☹   1   2   3

Dafür bin ich heute dankbar: Platz für meine Gedanken:

Heutiger Self-Care Moment:

Mein Learning:

Ordnungsimpuls:
Alte Gutscheine auf Gültigkeit überprüfen

Datum	Atemfokus	Meine Stimmung	Habit Tracker
	ein aus ein aus ein aus	♥♥ ☺ ☺ ☹ ☹	1 2 3

Dafür bin ich heute dankbar:

Platz für meine Gedanken:

Heutiger Self-Care Moment:

Mein Learning:

Ordnungsimpuls:
Fenster im Bad reinigen

> Das Licht, das du in anderen siehst, ist auch in dir.
> – Eckhart Tolle

Notizen:

Wochenreflexion

Highlights der Woche:

Das habe ich gelernt:

Energieräuber: Energiespender:

Meine Intention für nächste Woche:

So möchte ich mich nächste Woche fühlen:

freudig dankbar zufrieden begeistert stolz stark zuversichtlich aktiv liebevoll mutig leidenschaftlich frei glücklich optimistisch gelassen inspiriert erfüllt interessiert authentisch entspannt hoffnungsvoll selbstbewusst neugierig konzentriert wertvoll lebendig selbstsicher verbunden geborgen geerdet

_____

Monatsreflexion

Für diese drei Dinge im vergangenen Monat bin ich dankbar:

Selfcare-Aktivitäten, die mir im vergangenen Monat gut getan haben:

Besonders wertvolle Begegnungen oder Gespräche im vergangenen Monat:

Eine Intention oder ein Motto, das mich durch den nächsten Monat begleiten soll:

Habit Tracker: Raum für die Definition und Verfolgung neuer Gewohnheiten im nächsten Monat

1

2

3

Marmeladenglasmoment des Monats:

Impuls des Monats

Inspirierende Zen-Geschichte

Ein gestresster Mann kam zu seinem Vater, einem Zen-Meister, und klagte über sein Leid. Er beschwerte sich darüber, wie viel Arbeit er hat, wie gestresst er ist und wie sehr ihn das alles belastet. Er fragte seinen Vater: "Wie schaffst du es, so ruhig und ausgeglichen zu sein?"

Der Zen-Meister antwortete ihm: "Wenn du isst, dann iss. Wenn du schläfst, dann schlafe. Wenn du arbeitest, dann arbeite."
Der gestresste Mann verstand zunächst nicht, was sein Vater damit meinte. Also fragte er nach: "Aber das mache ich doch schon. Was meinst du damit?"

Der Zen-Meister erklärte: "Nein, das tust du nicht. Wenn du isst, denkst du über deine Arbeit nach. Wenn du schläfst, machst du dir Sorgen über die Zukunft. Und wenn du arbeitest, wünschst du dir, woanders zu sein. Du bist nie wirklich im Moment. Du lebst nie wirklich dein Leben."

Durch diese Worte erkannte der gestresste Mann, dass sein Vater Recht hatte. Er begann, achtsamer zu sein und sich auf das zu konzentrieren, was er gerade tat, ohne sich von Gedanken an Vergangenheit oder Zukunft ablenken zu lassen.

Reflexion der Geschichte

- Wie oft bist du wirklich im Moment und konzentrierst dich voll und ganz auf das, was du gerade tust?
- In welchen Bereichen deines Lebens könntest du mehr Achtsamkeit praktizieren?
- Welche einfachen Schritte kannst du unternehmen, um deine Aufmerksamkeit auf den gegenwärtigen Moment zu lenken?

Vielen Dank!

Dass du dir die Zeit für dich selbst genommen hast - du bist es wert.
Das Ende dieses Journals ist der Anfang deiner nächsten Reise.
Bleib dran und integriere Achtsamkeit weiterhin in deinen Alltag.

Wir freuen uns, von deinen Erfahrungen mit dem Journal zu hören.

Folge uns auf Instagram für mehr Inspiration und neue Produkte:
@almacalma.de

Oder besuche unsere Webseite: www.almacalma.de